I0427582

Contact:
libroelartedeamarte@gmail.com
Instagram: @yeniffergonzalezz
www.yeniffergonzalezz.com

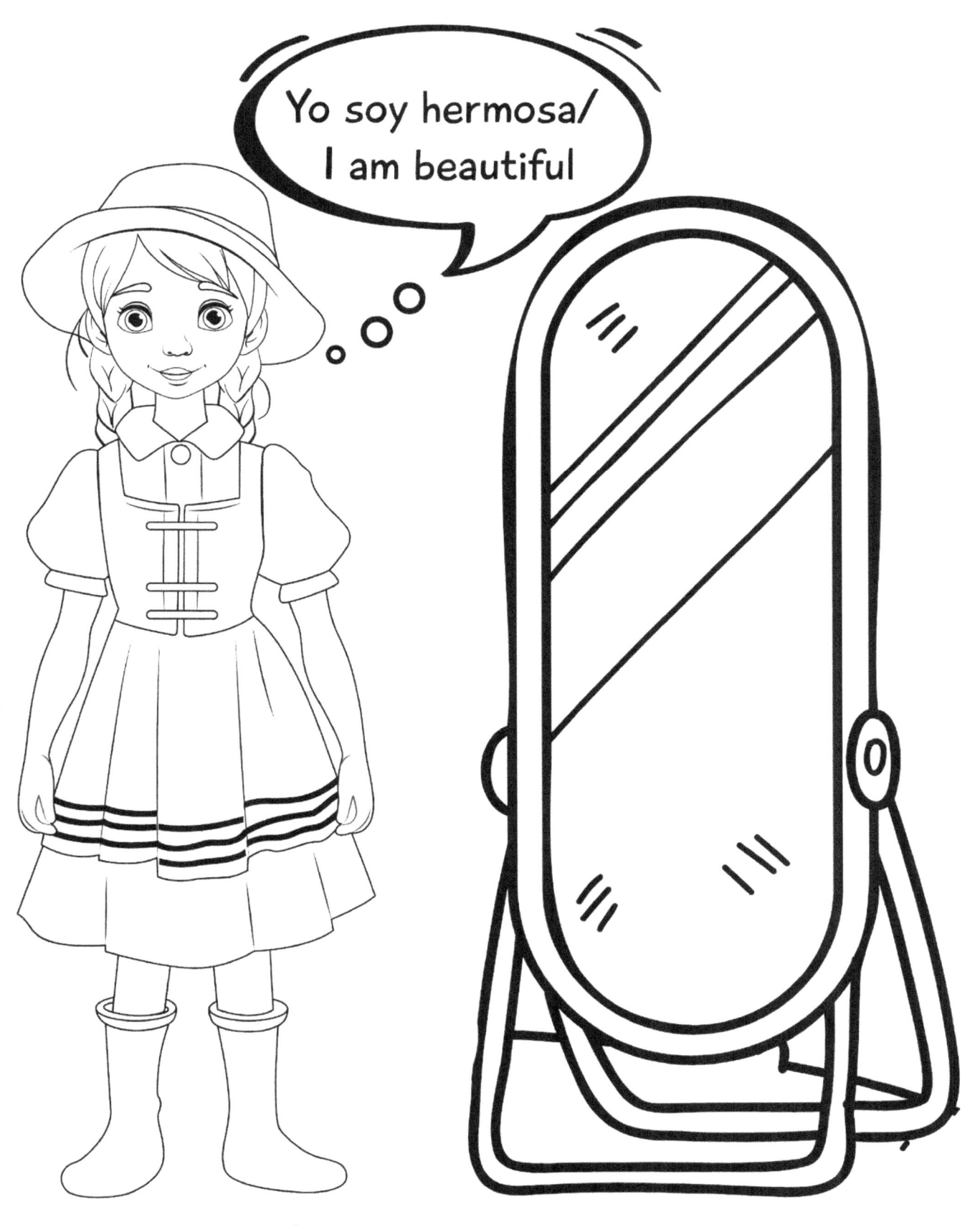

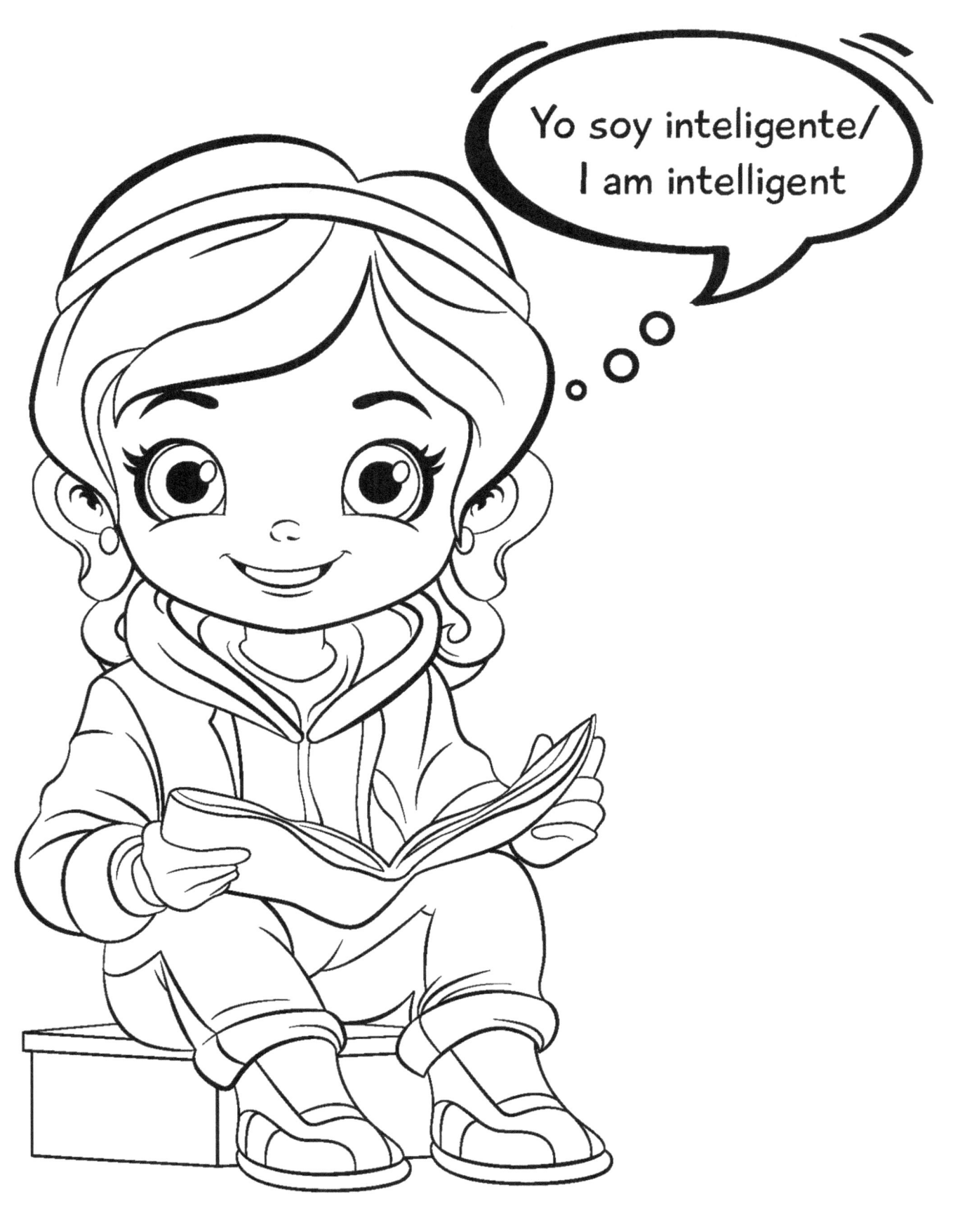

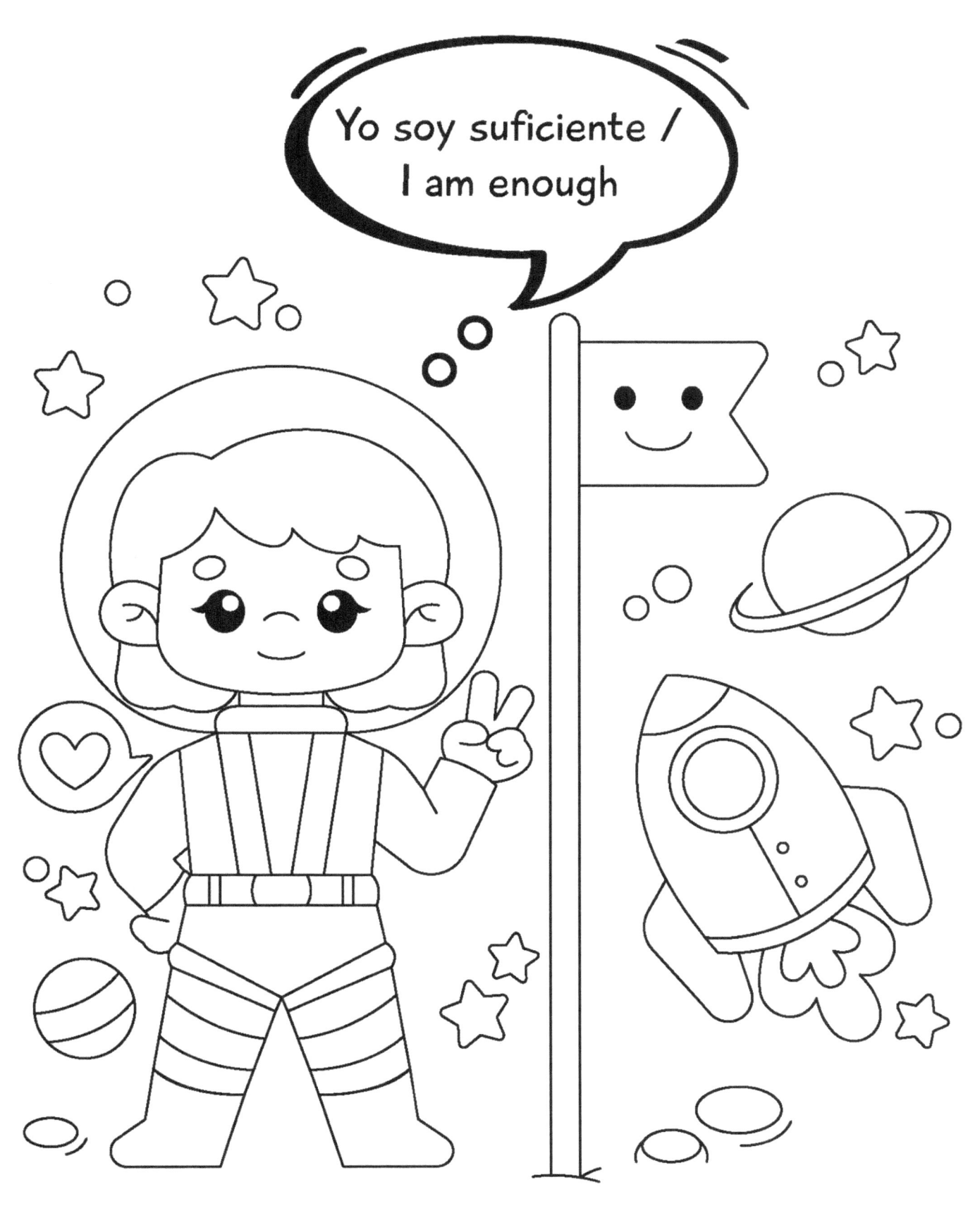

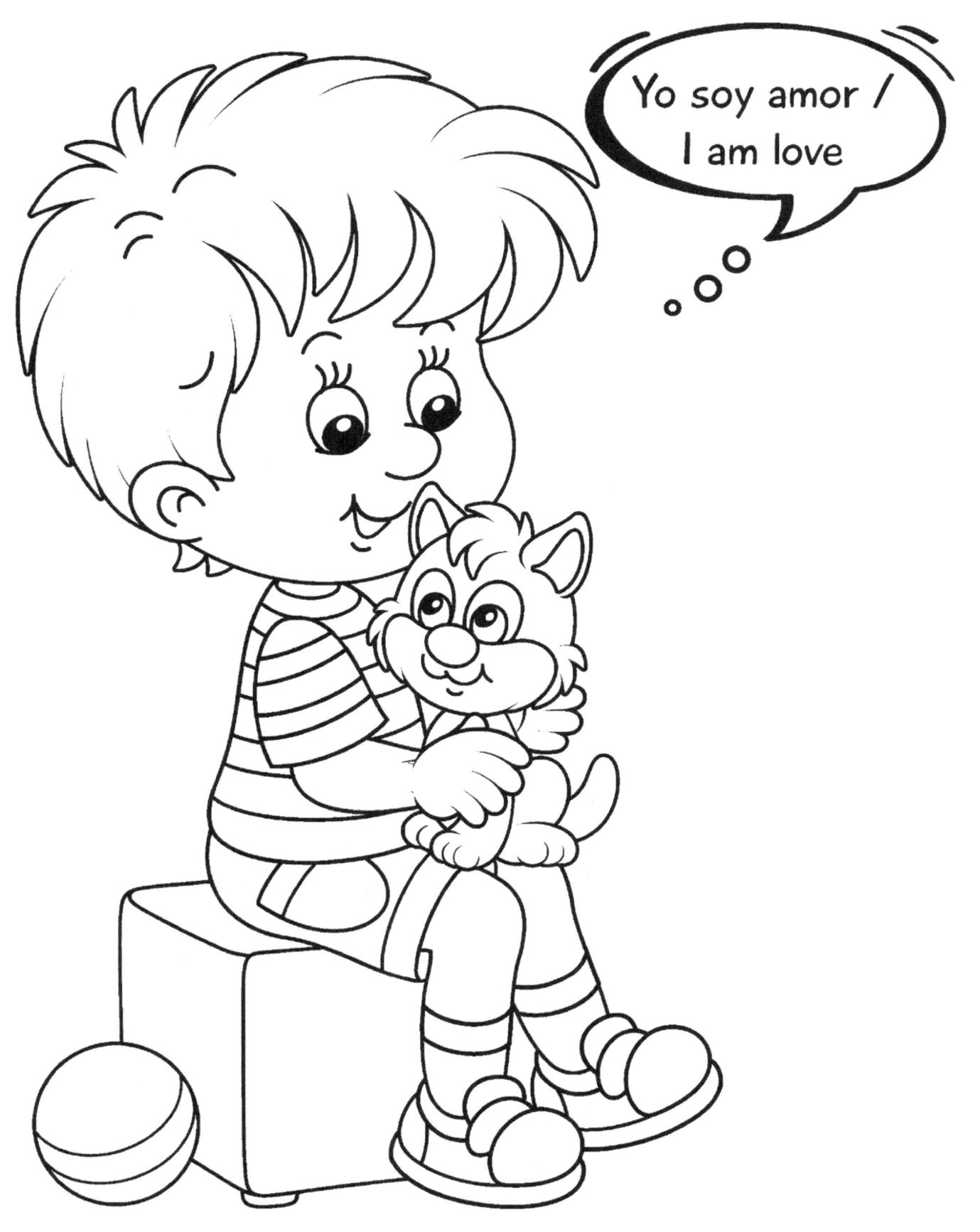

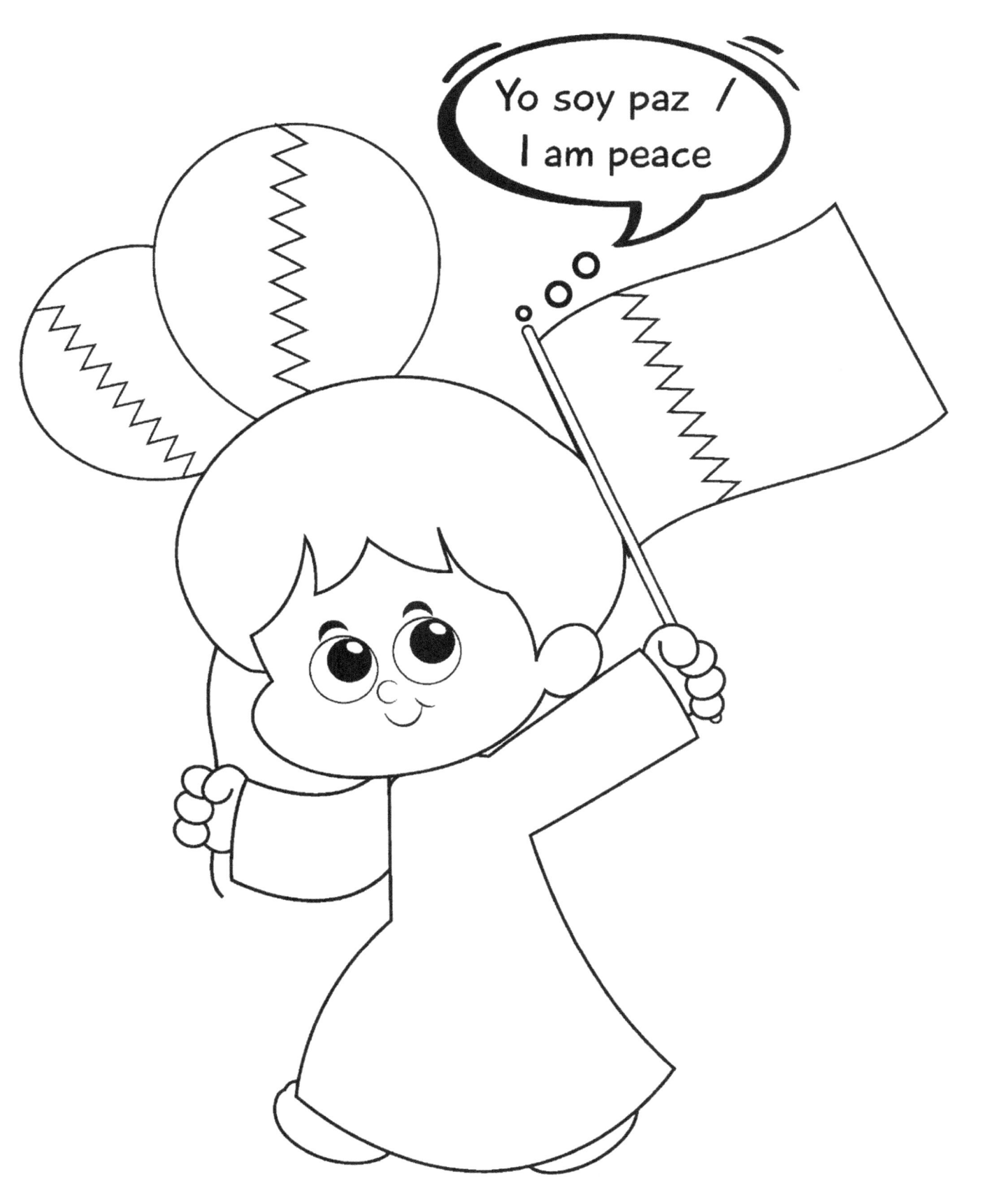

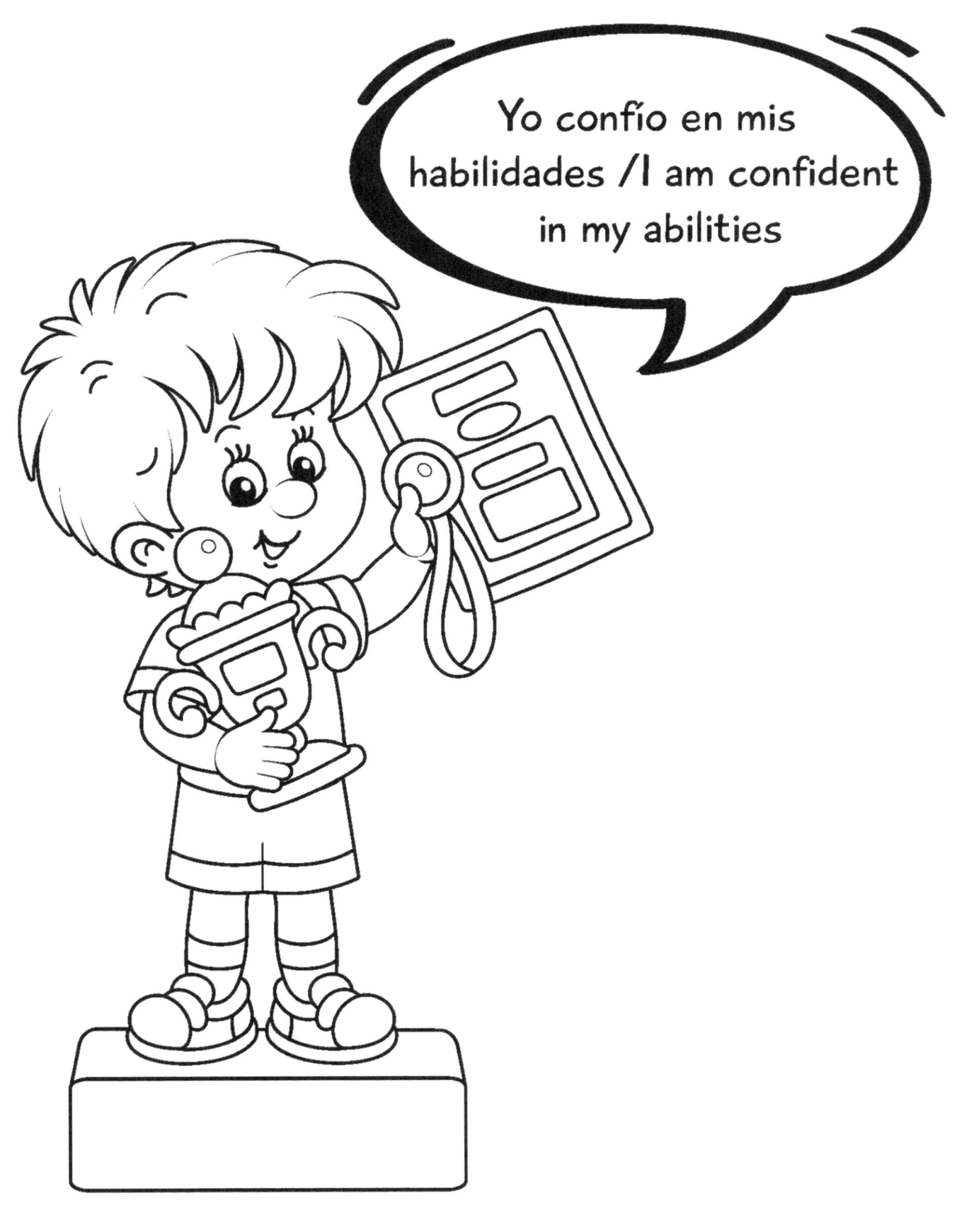

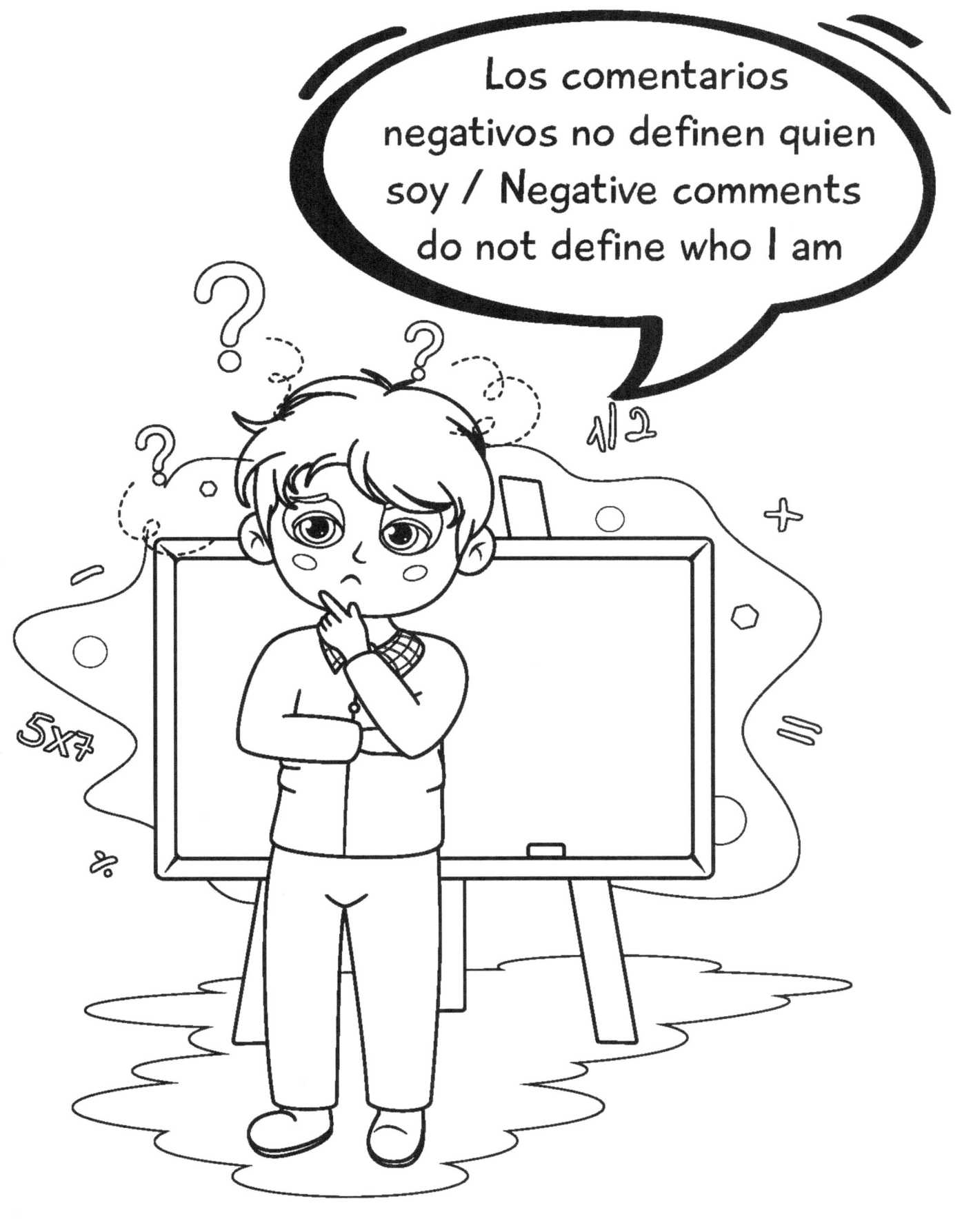

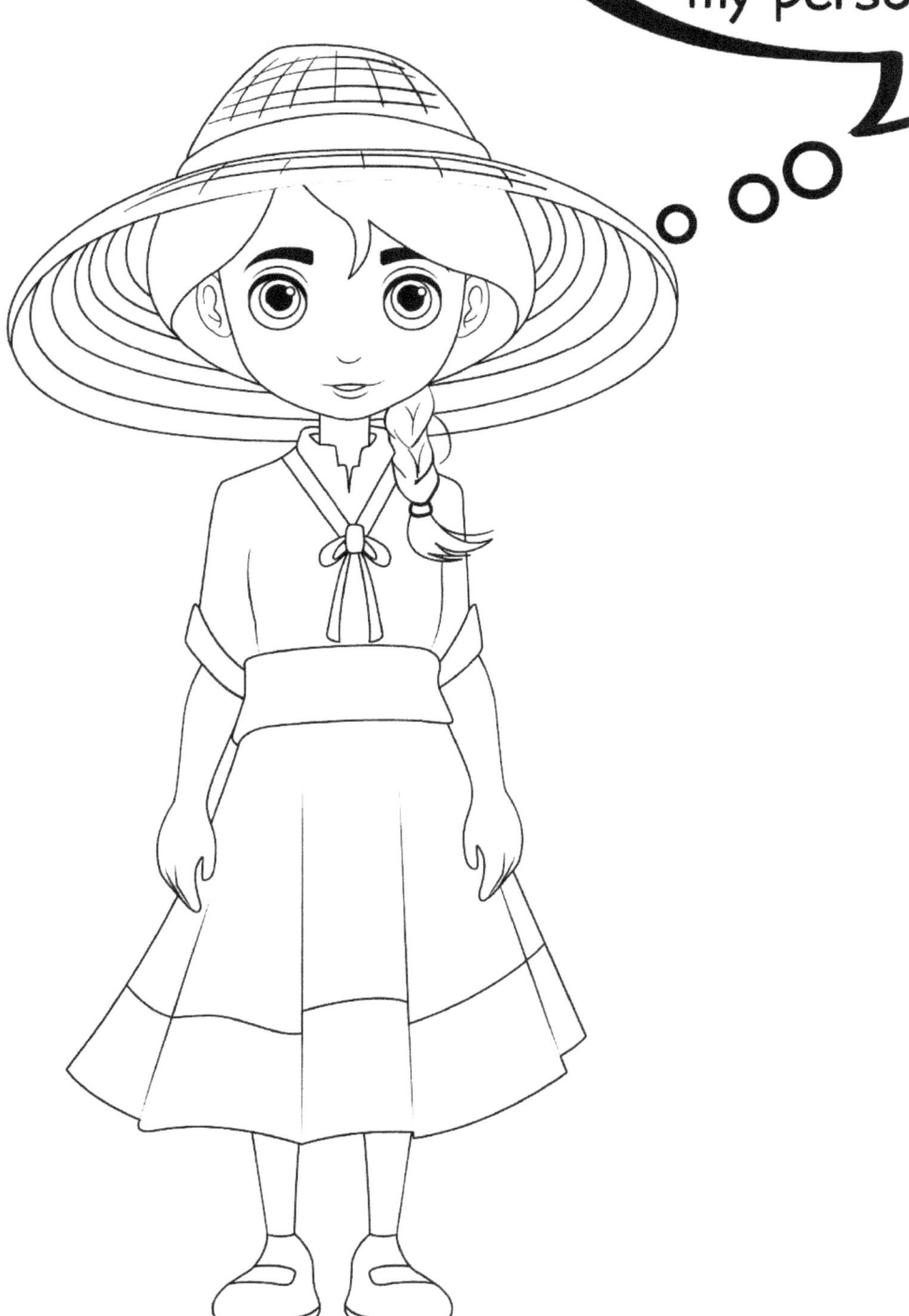

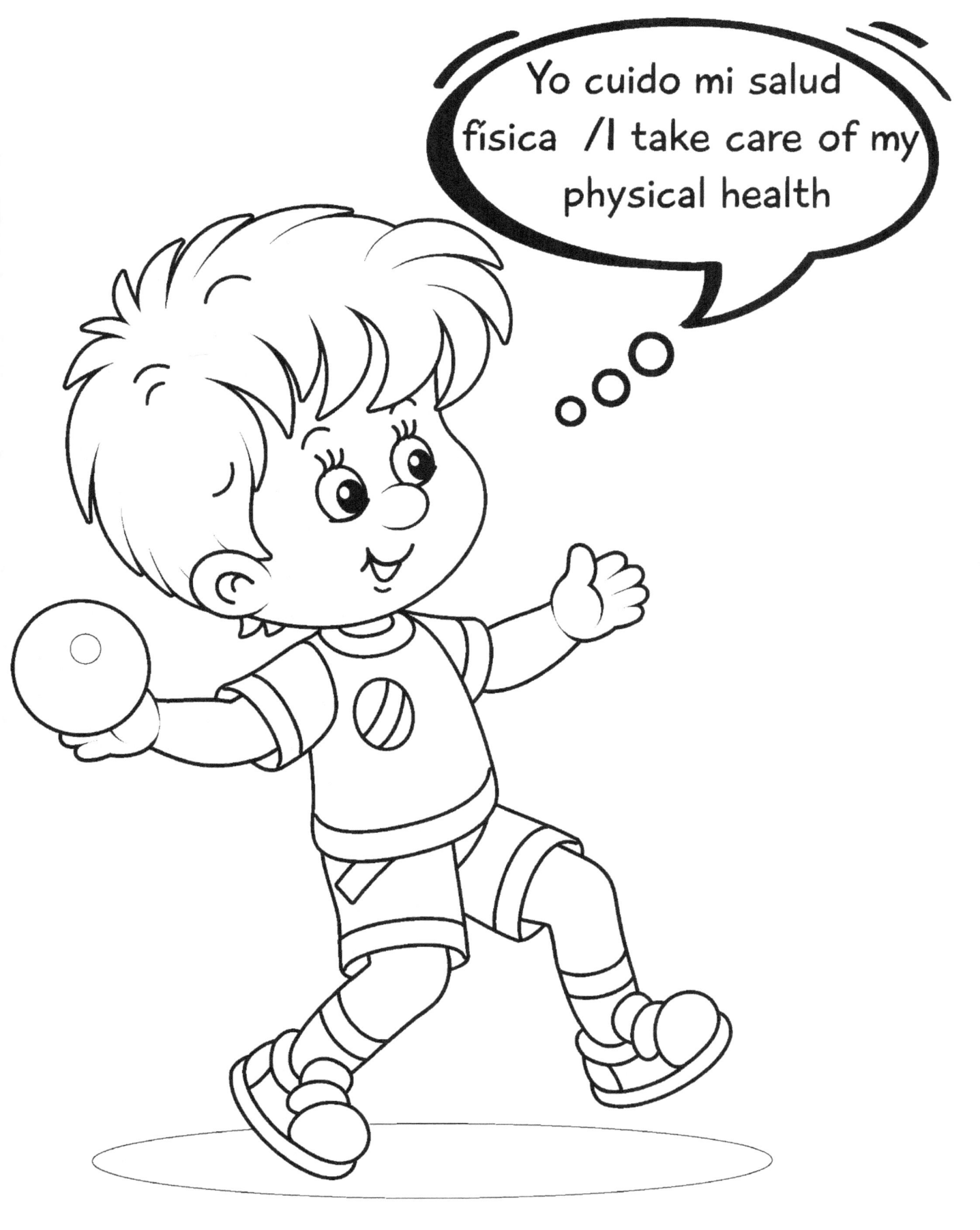

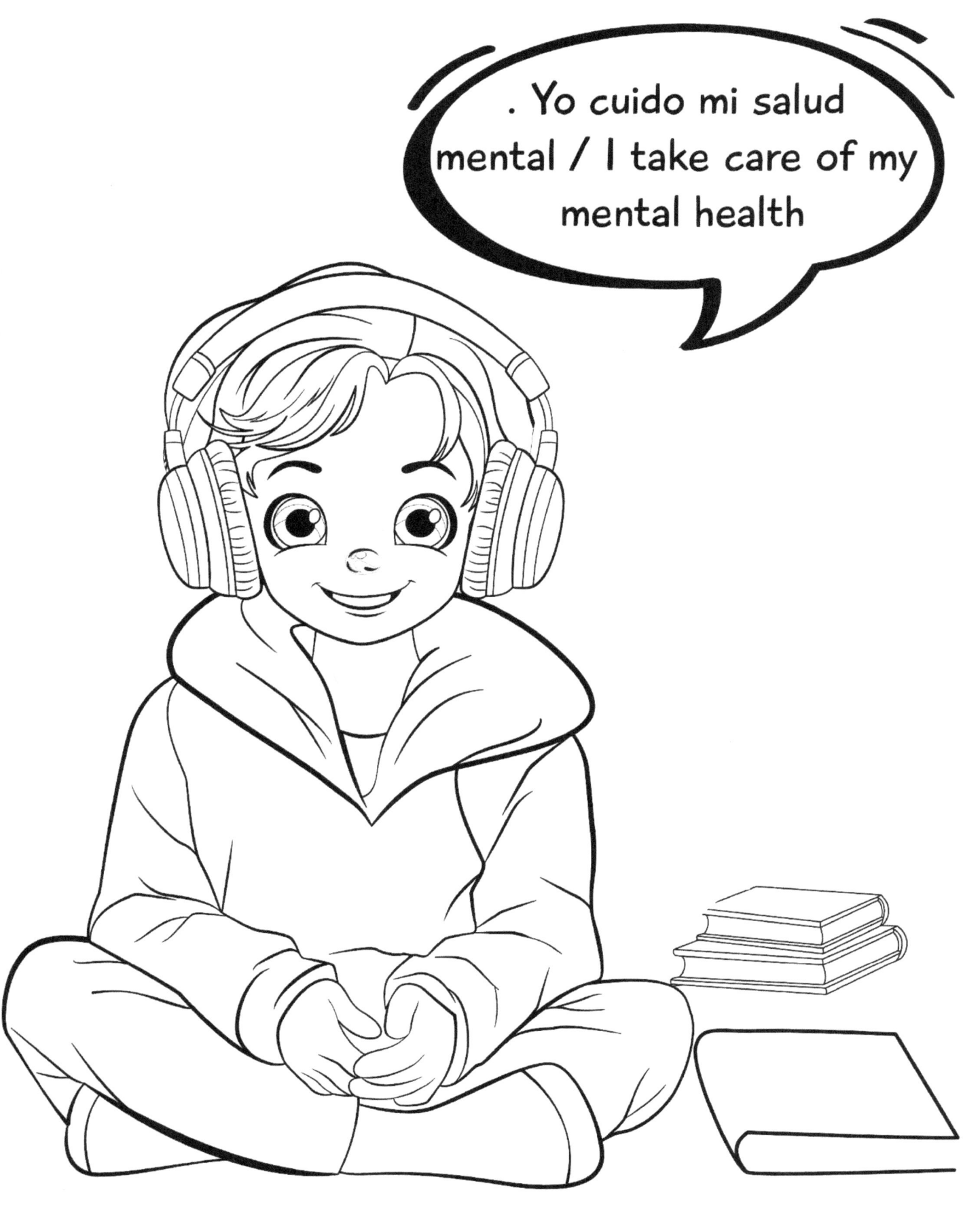

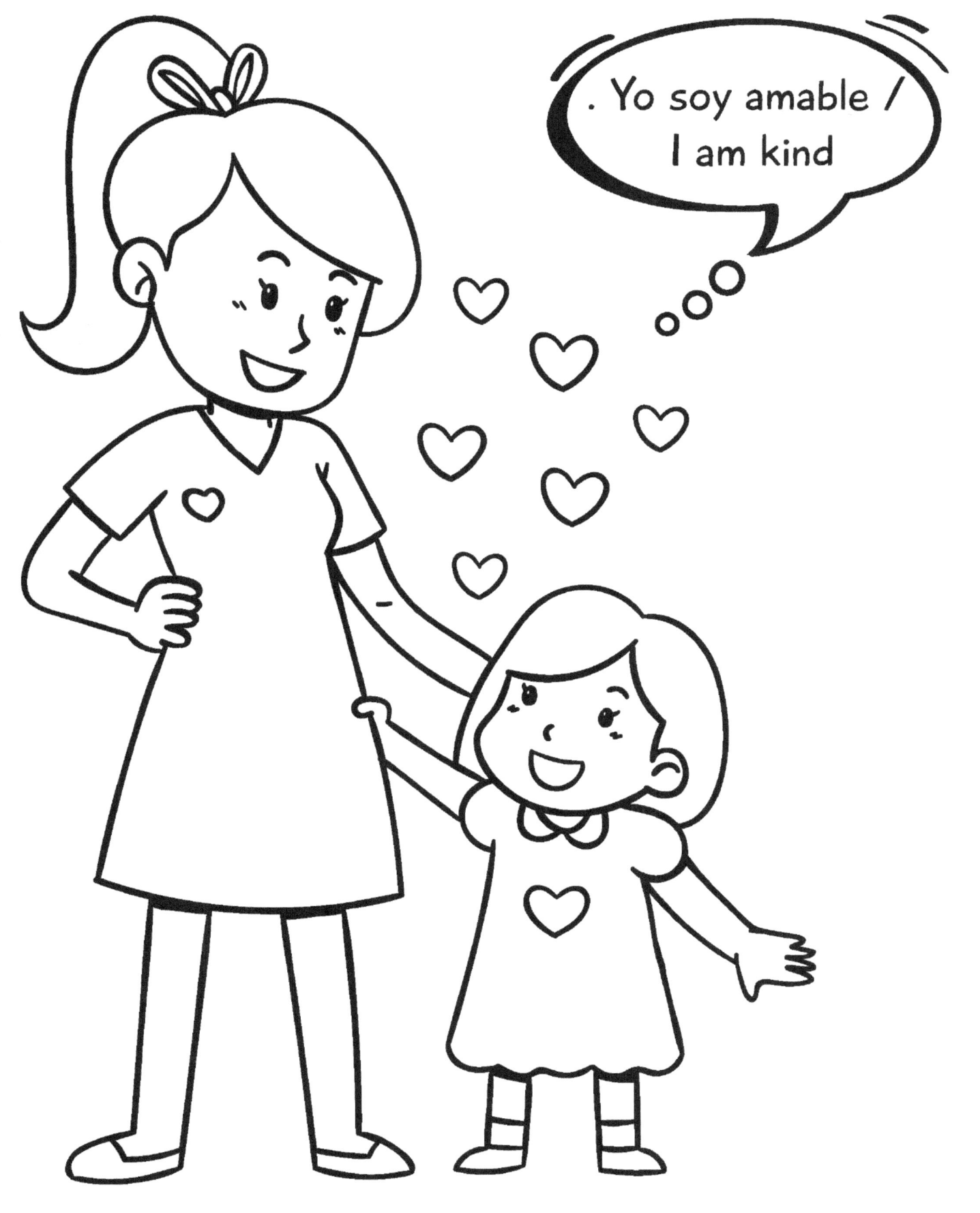

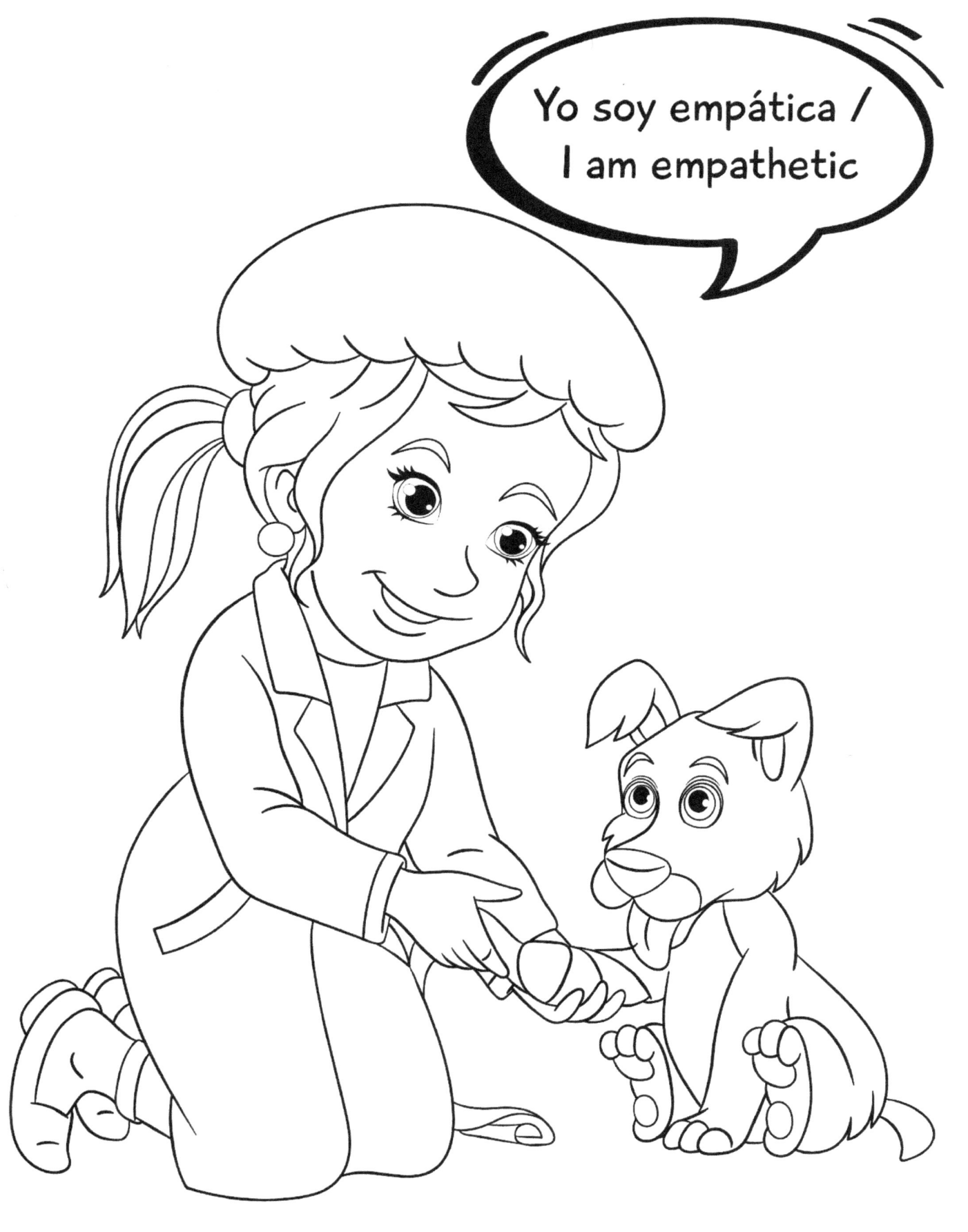

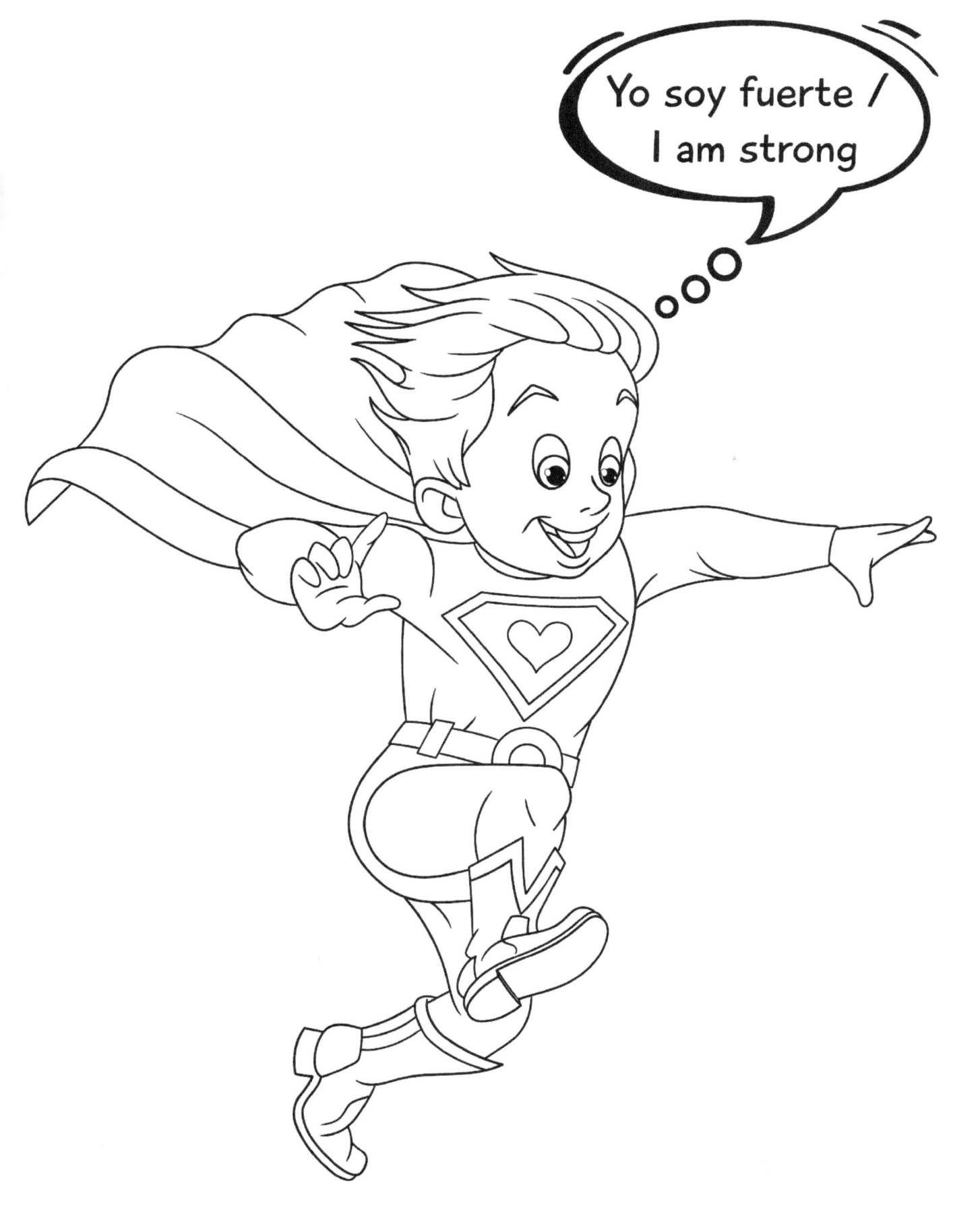

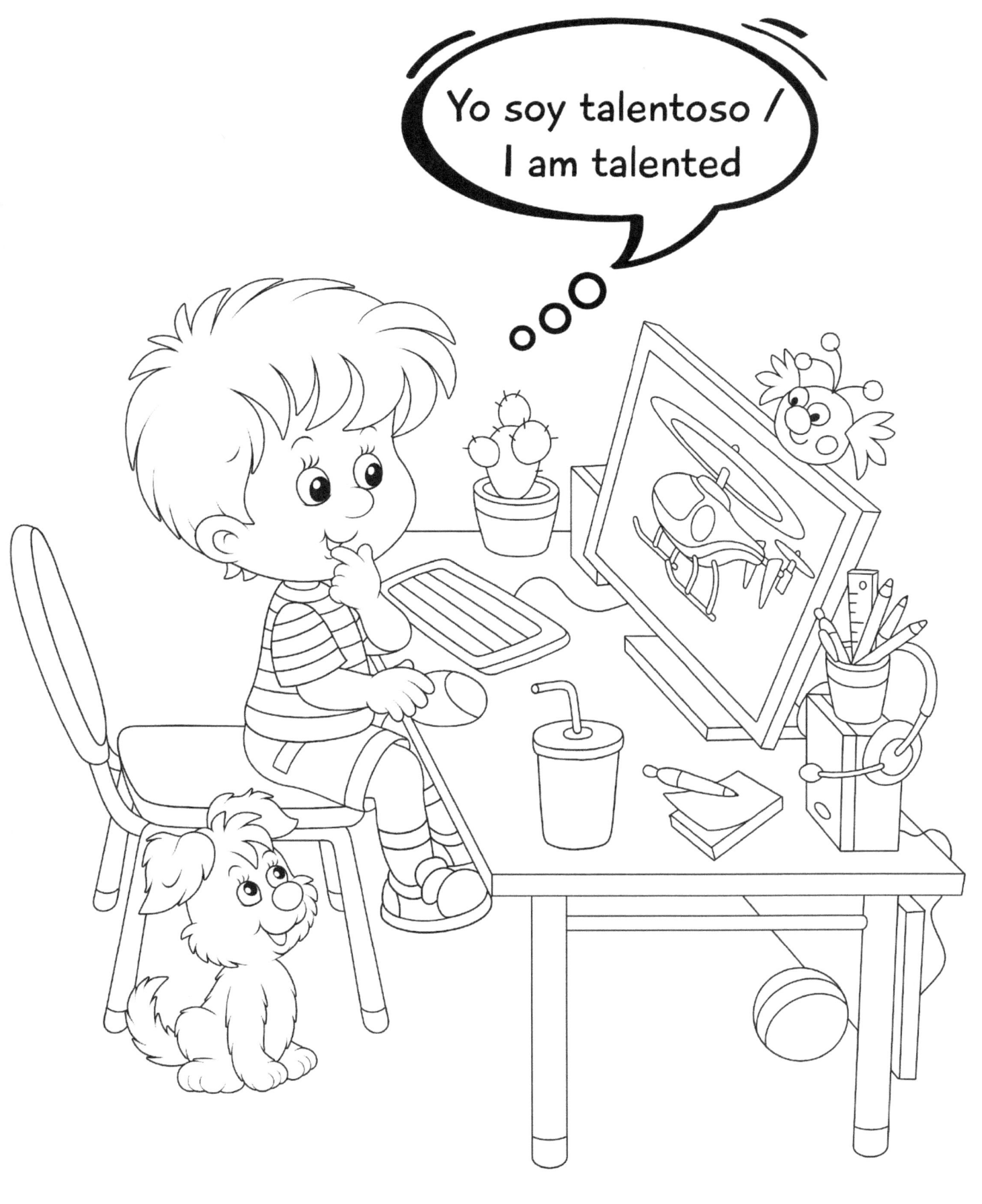

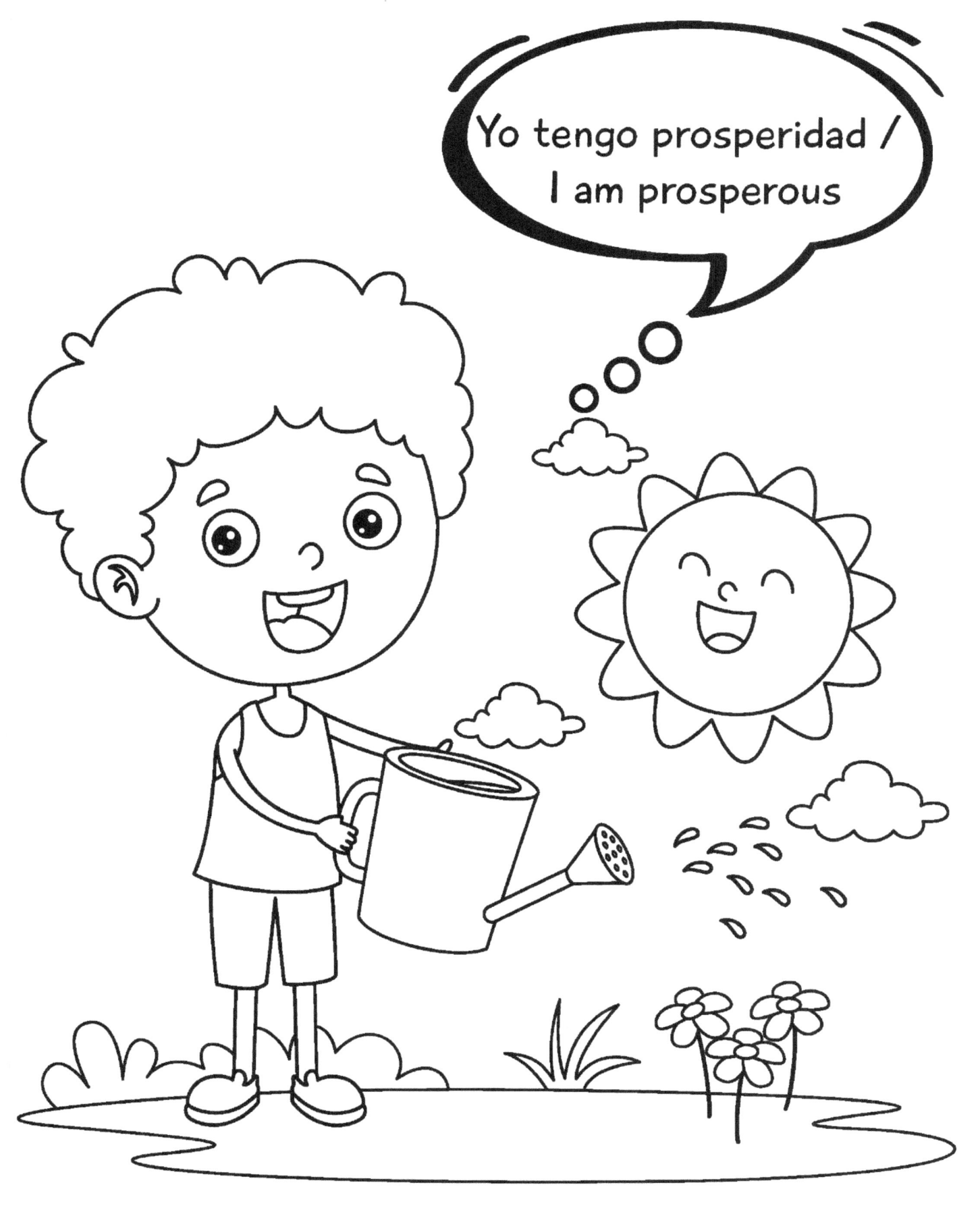

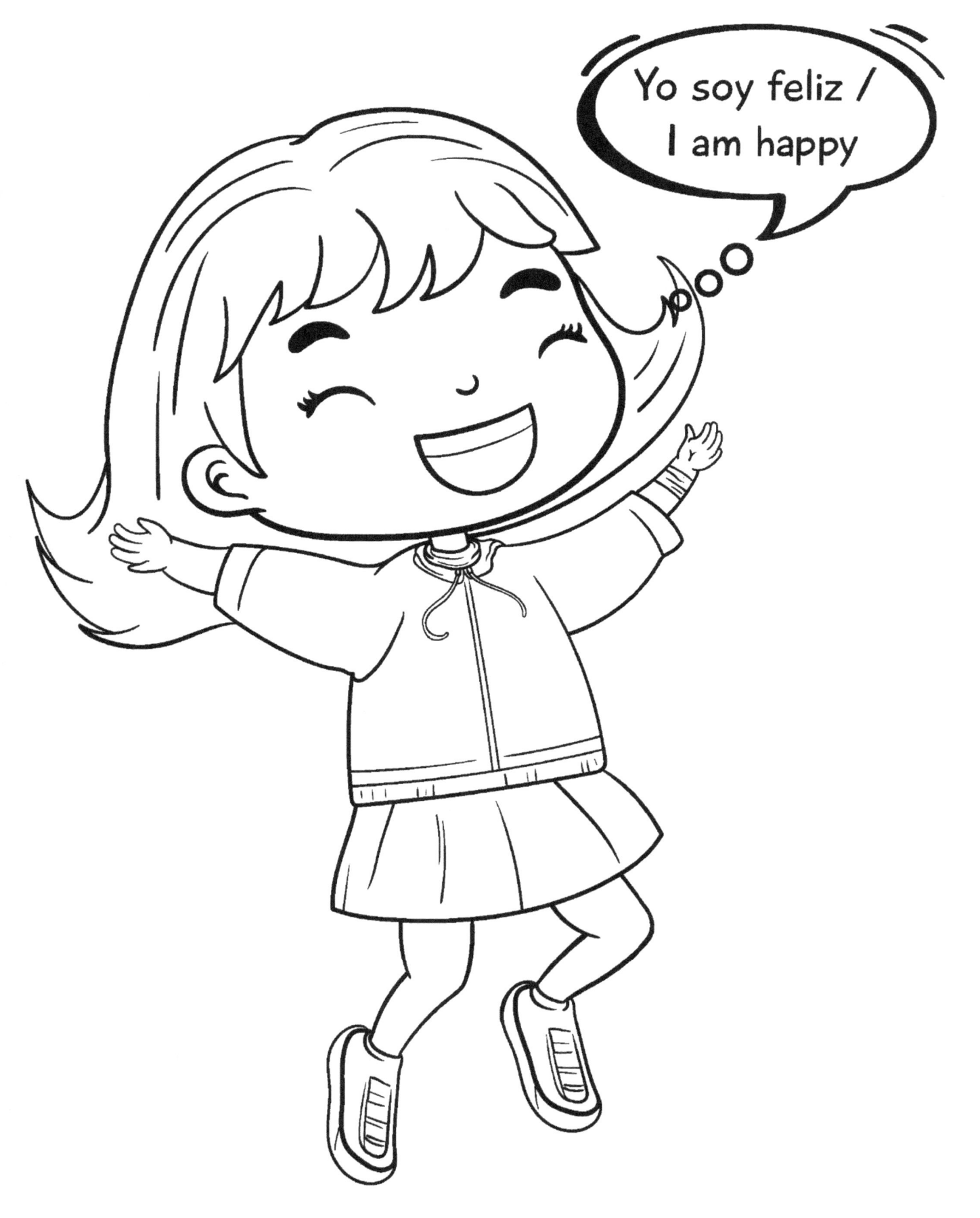

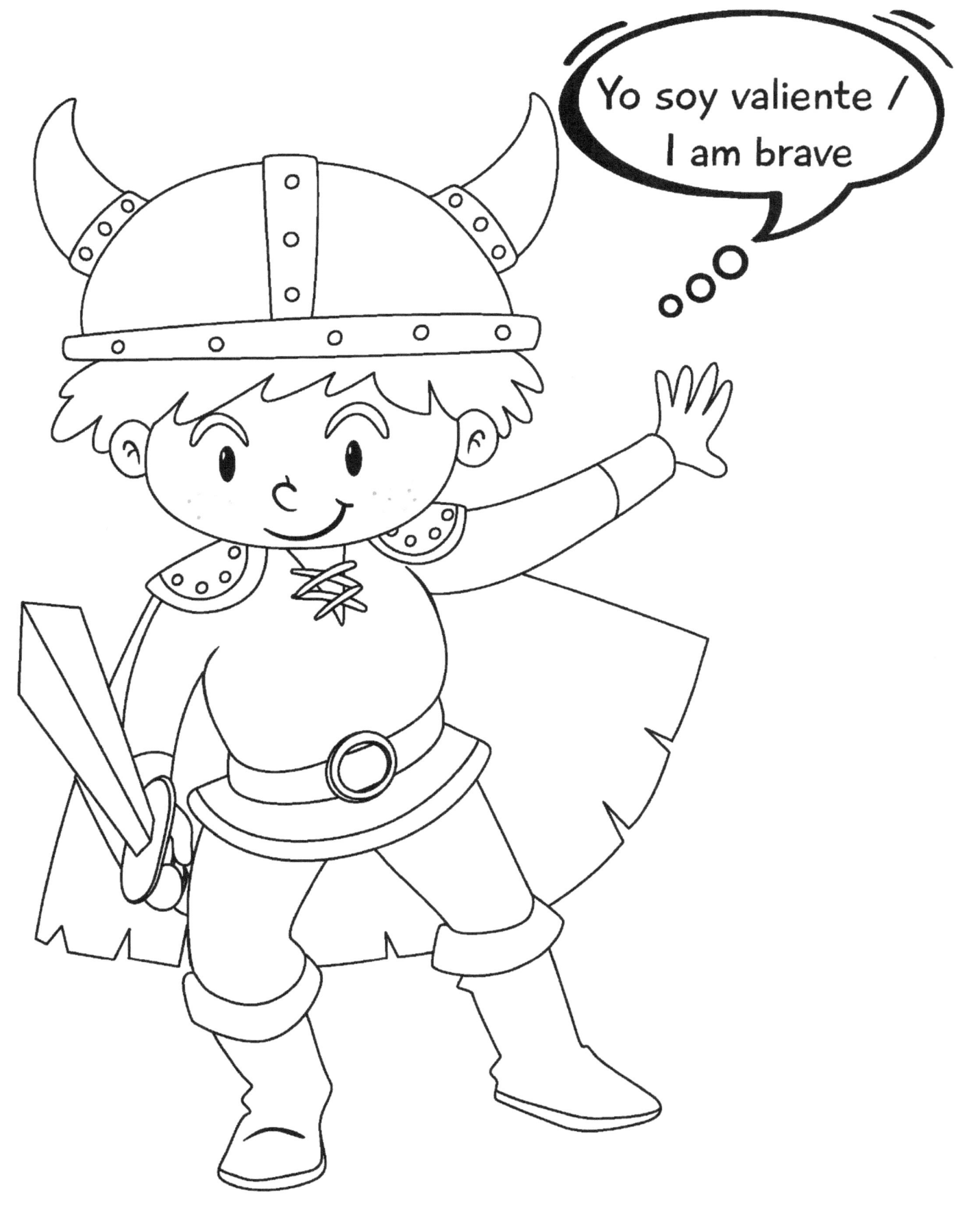

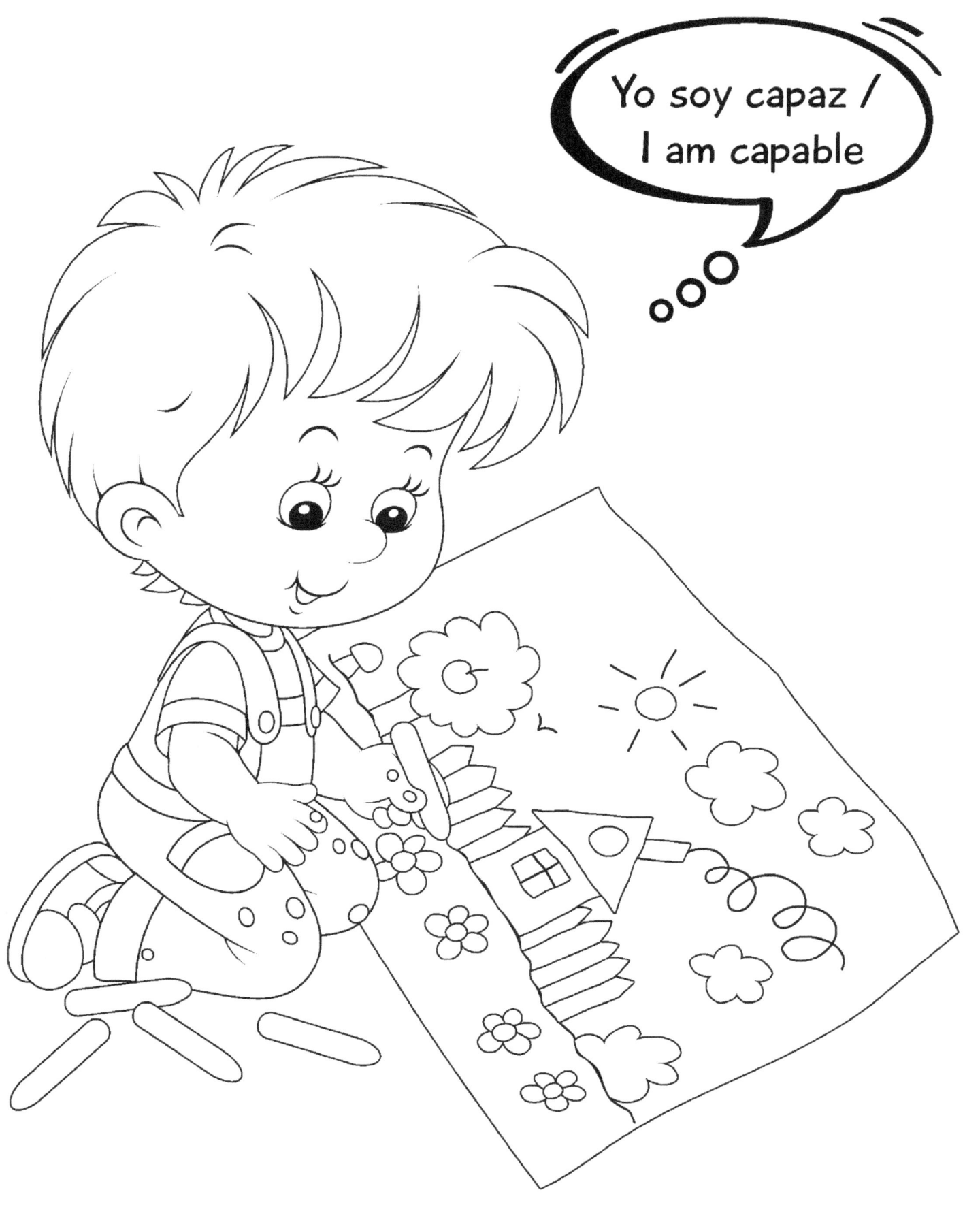

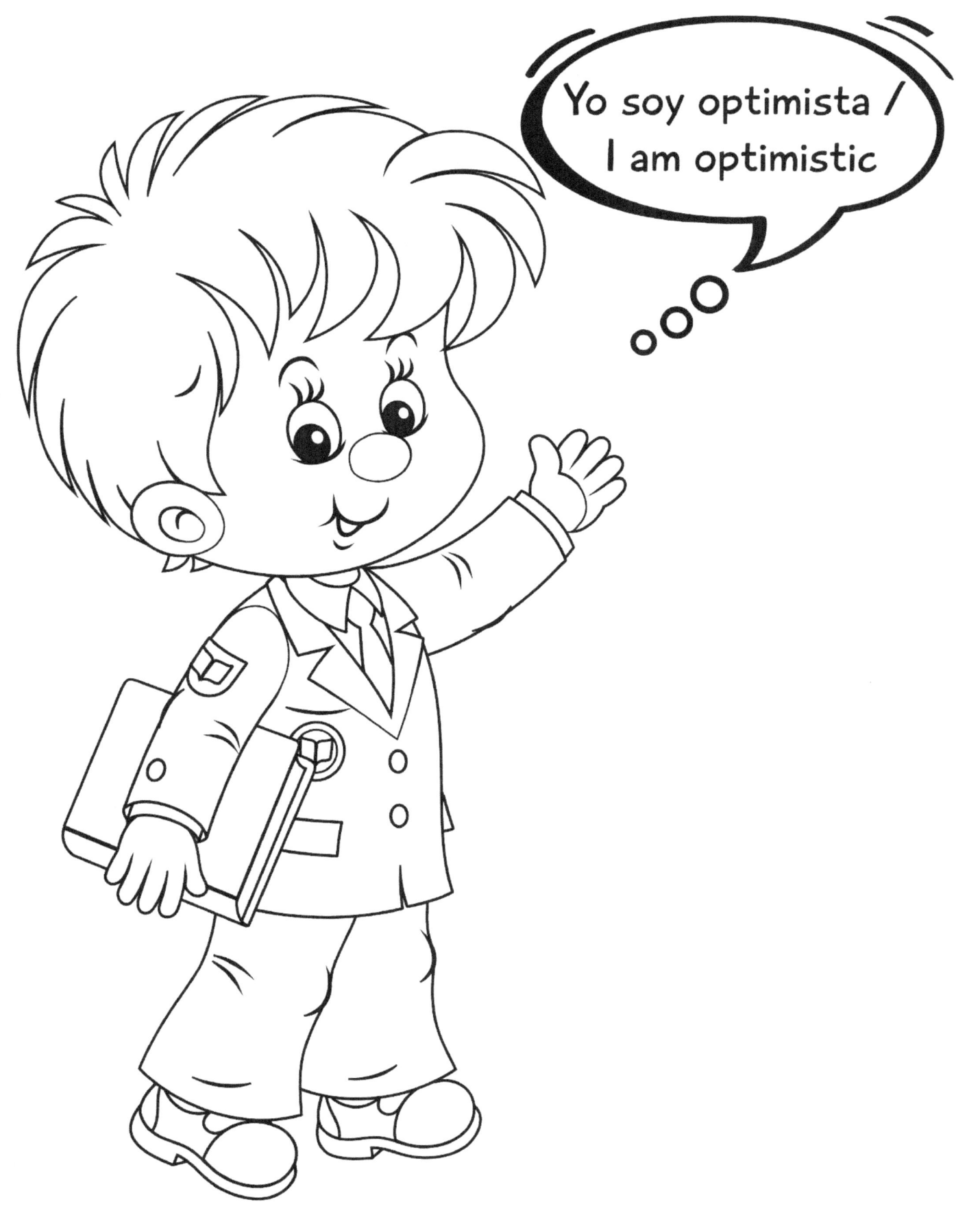

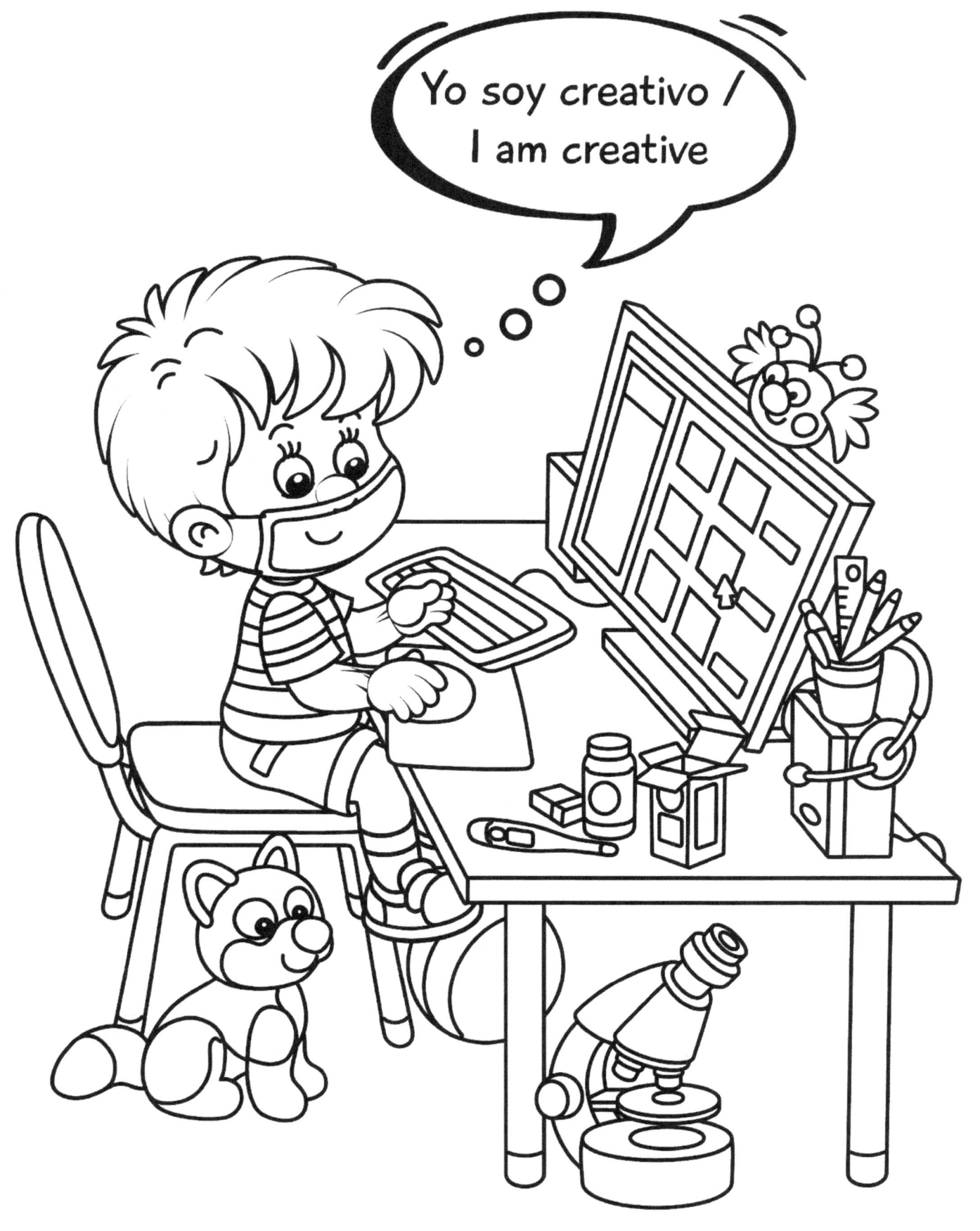

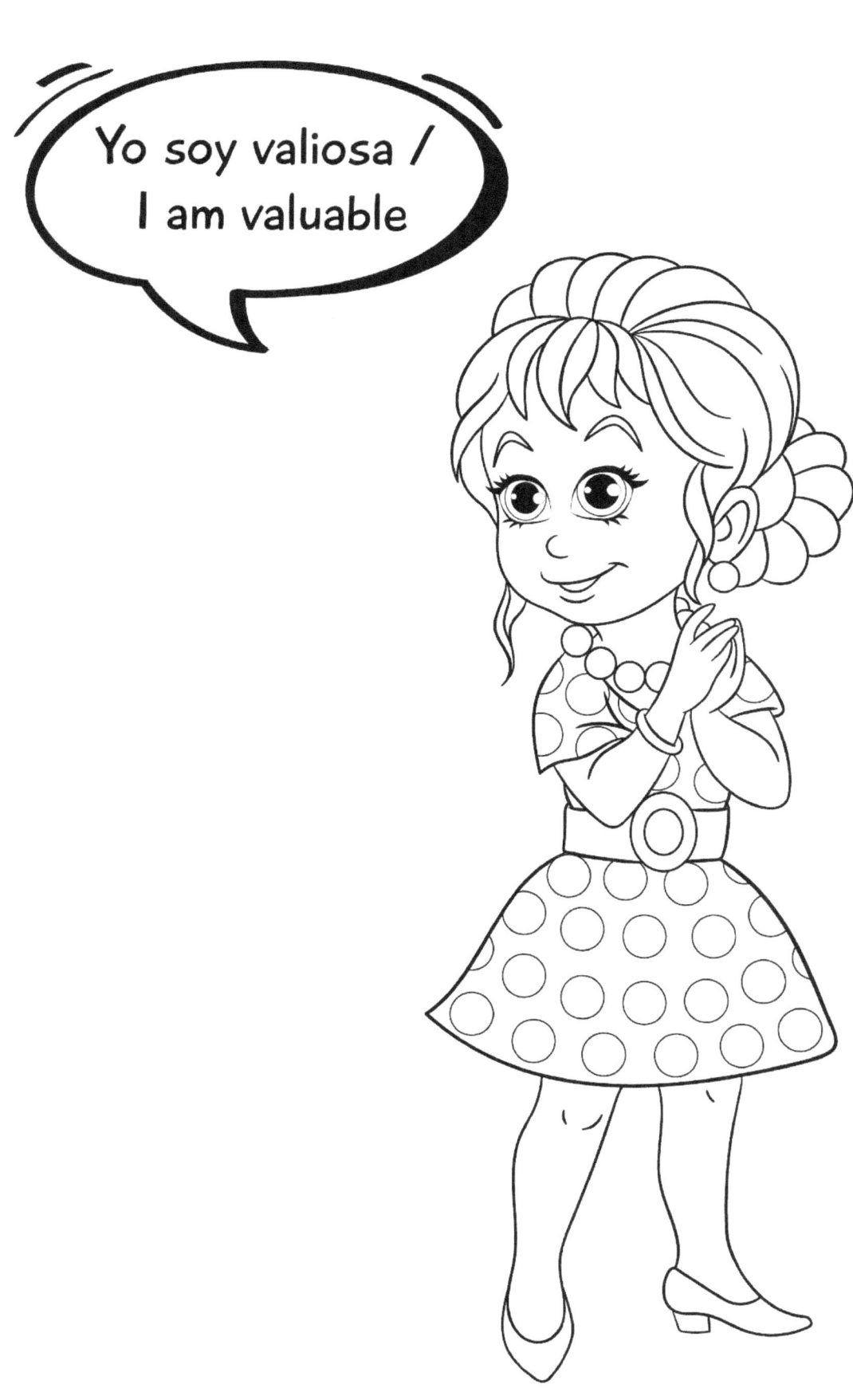

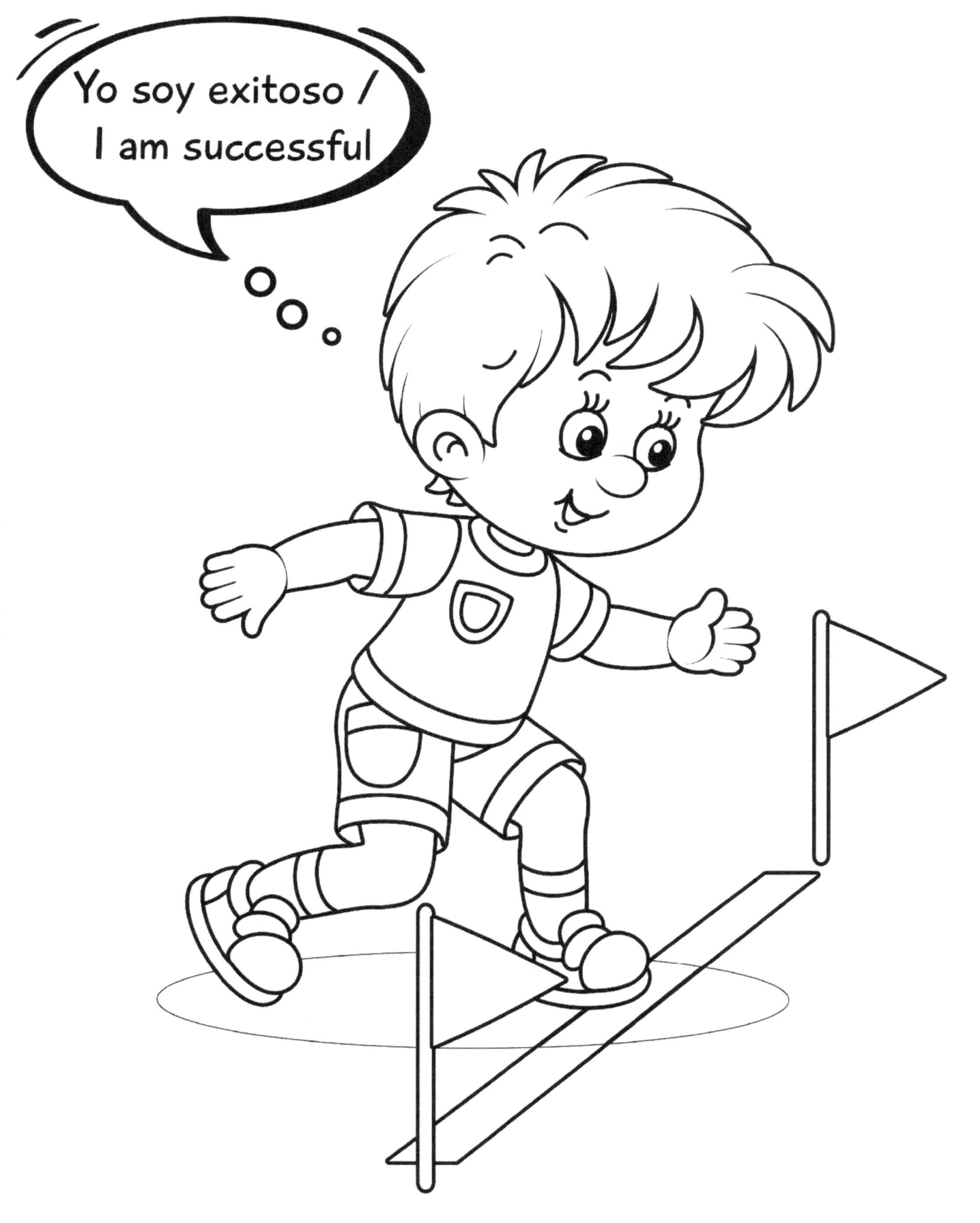

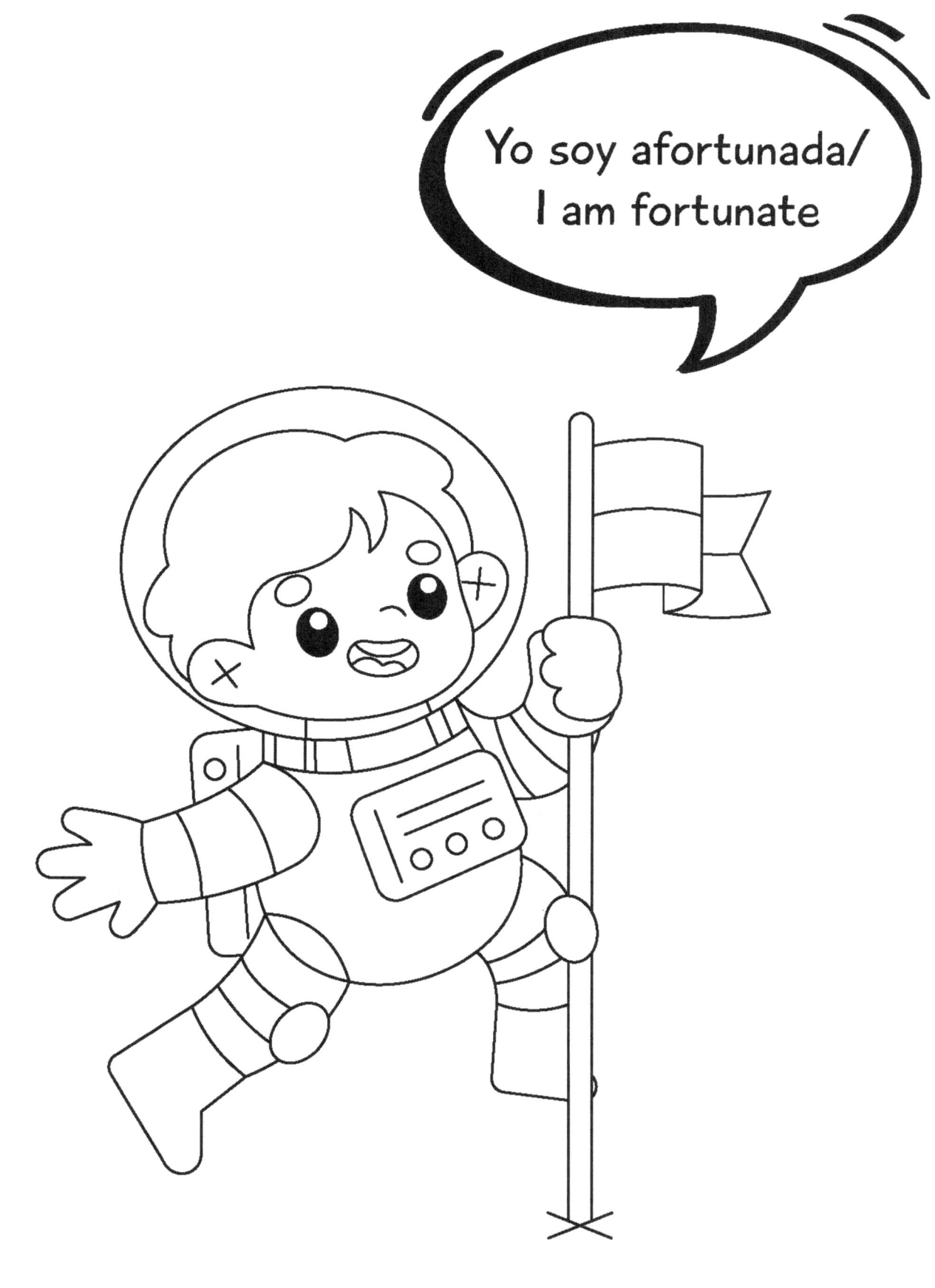

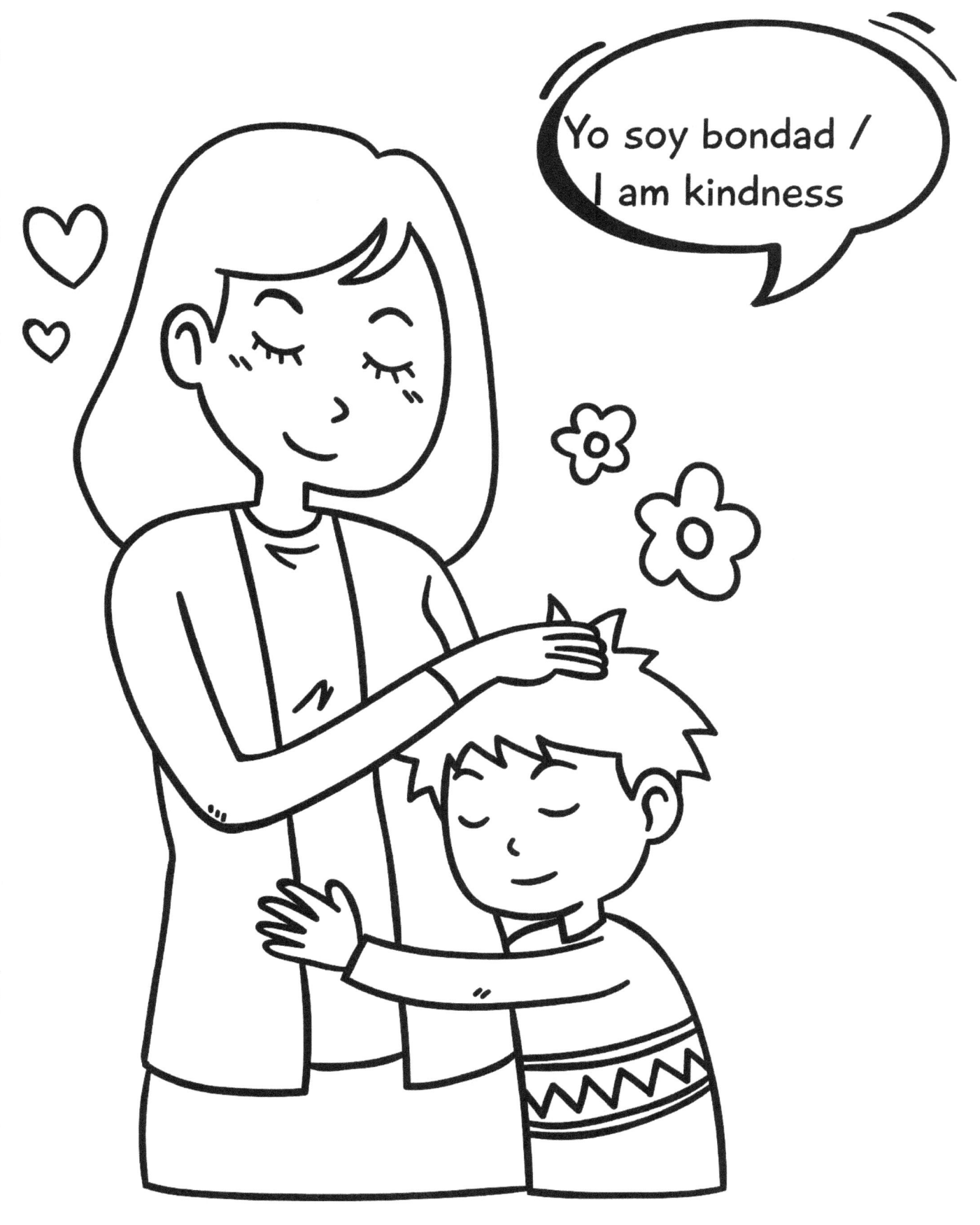

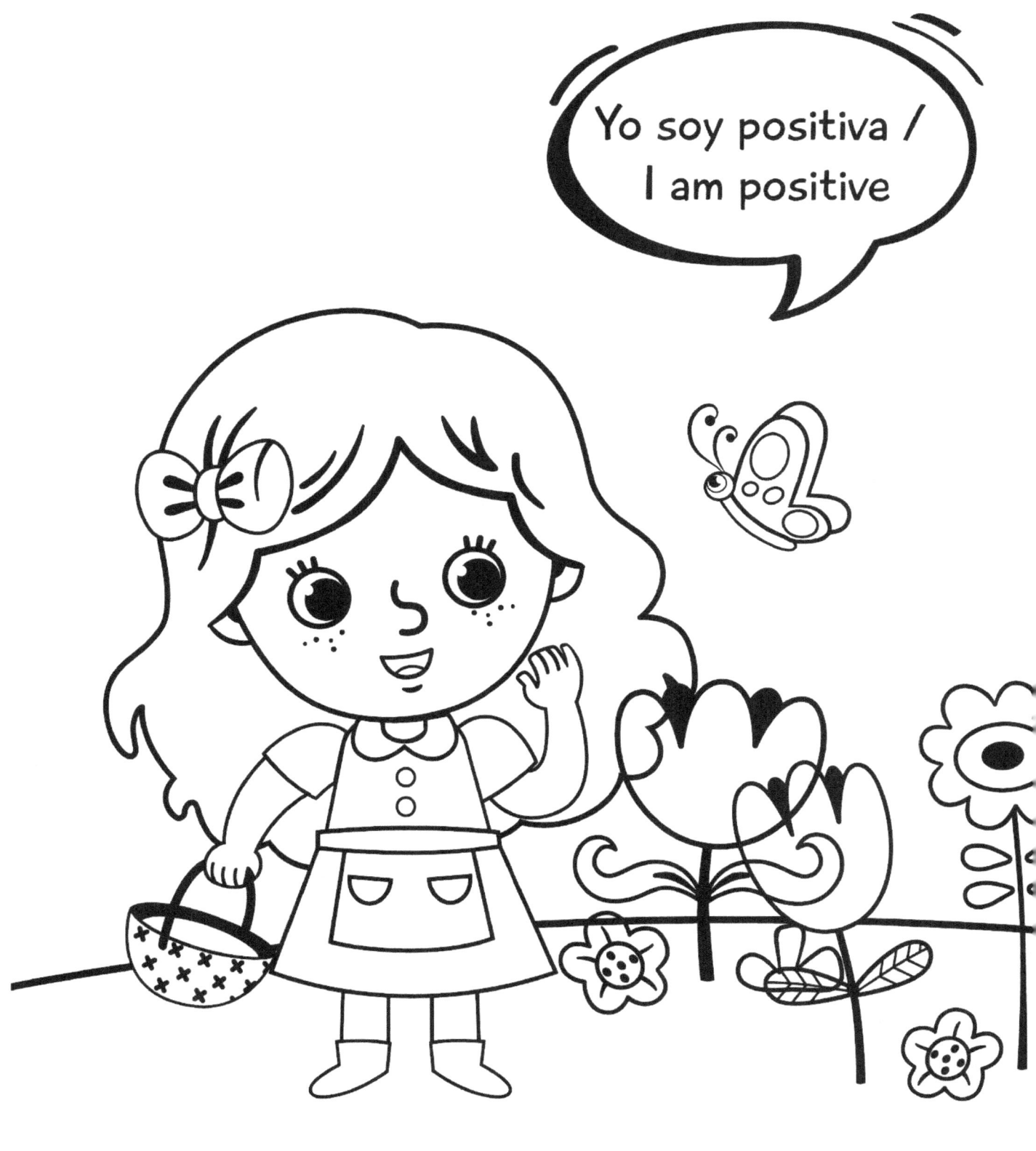

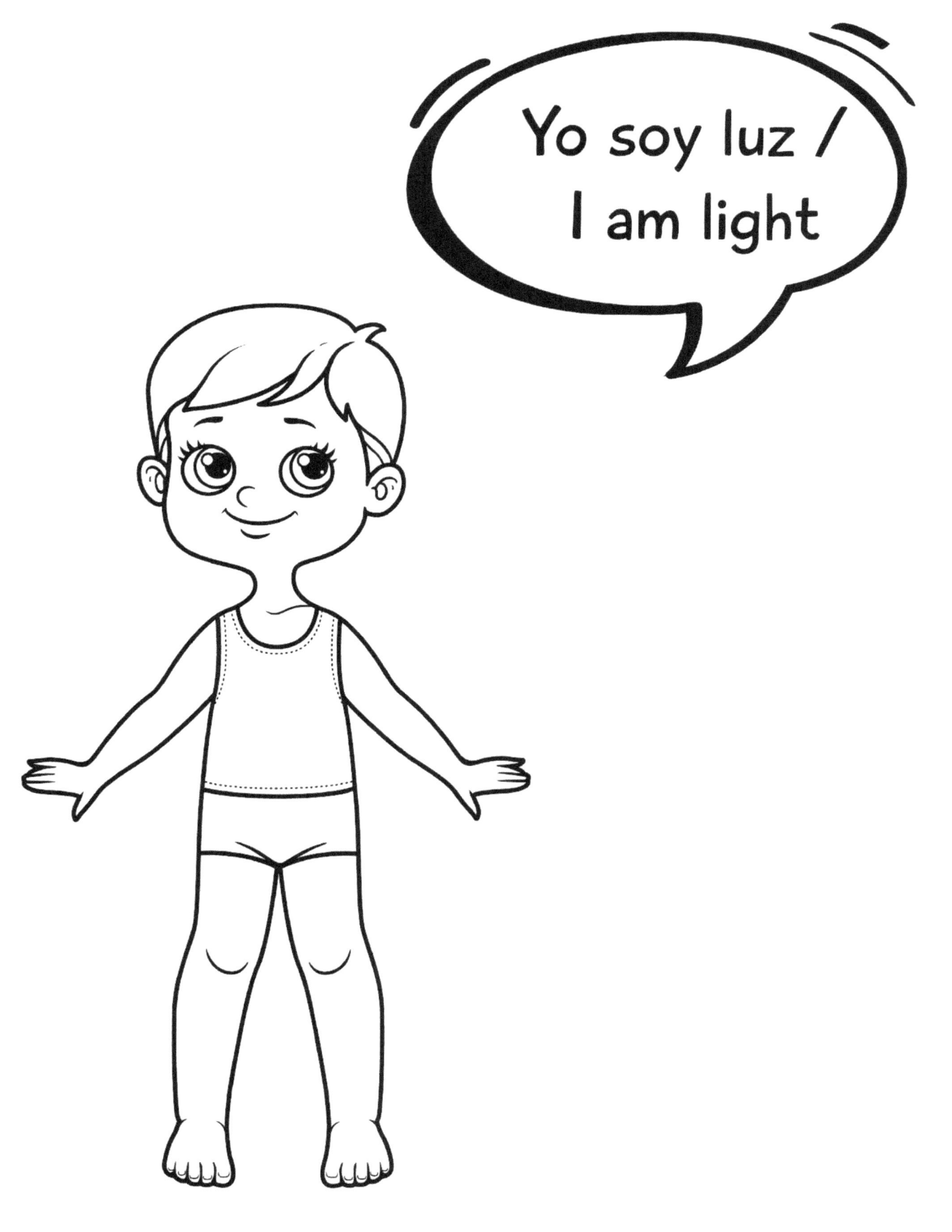

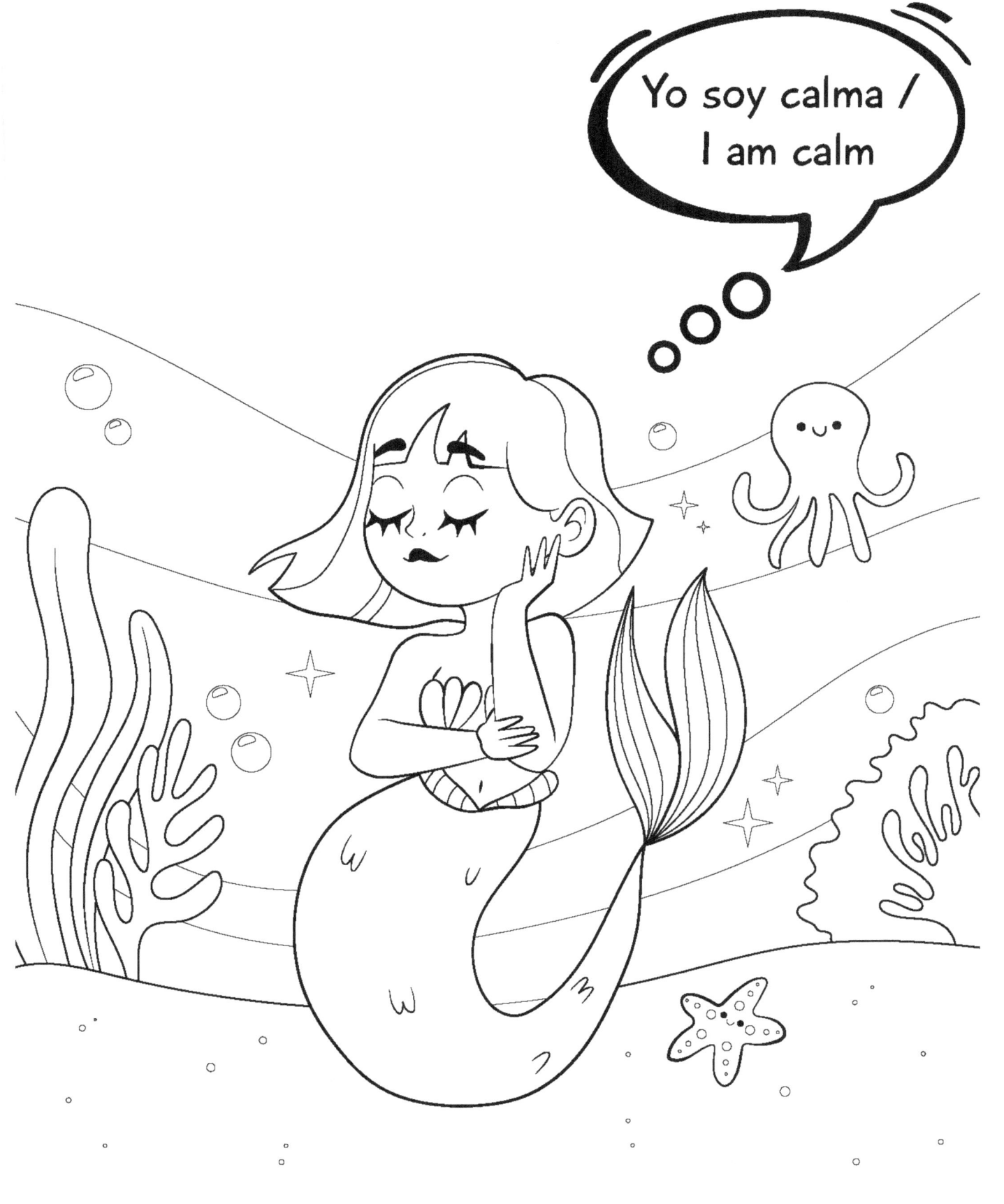

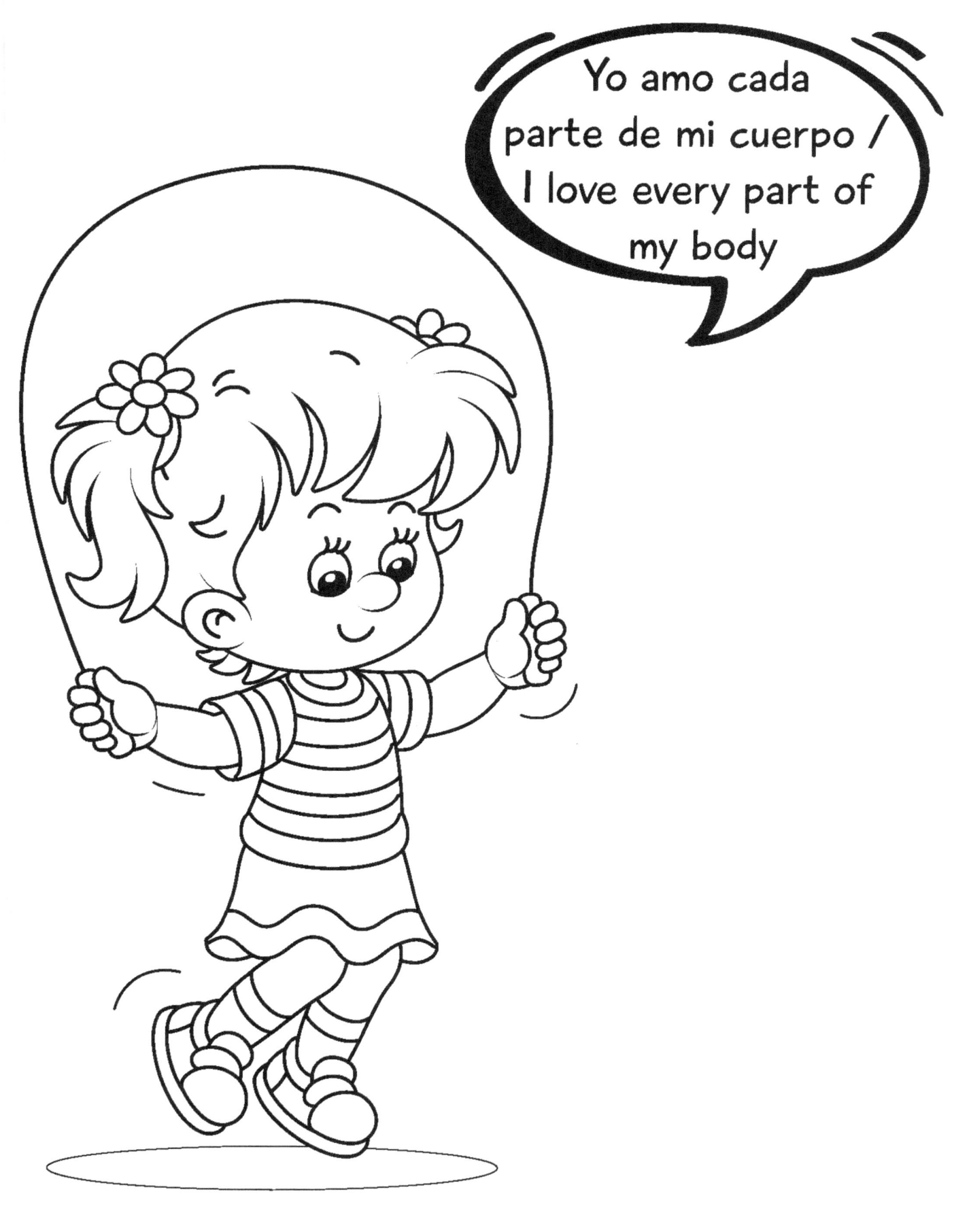

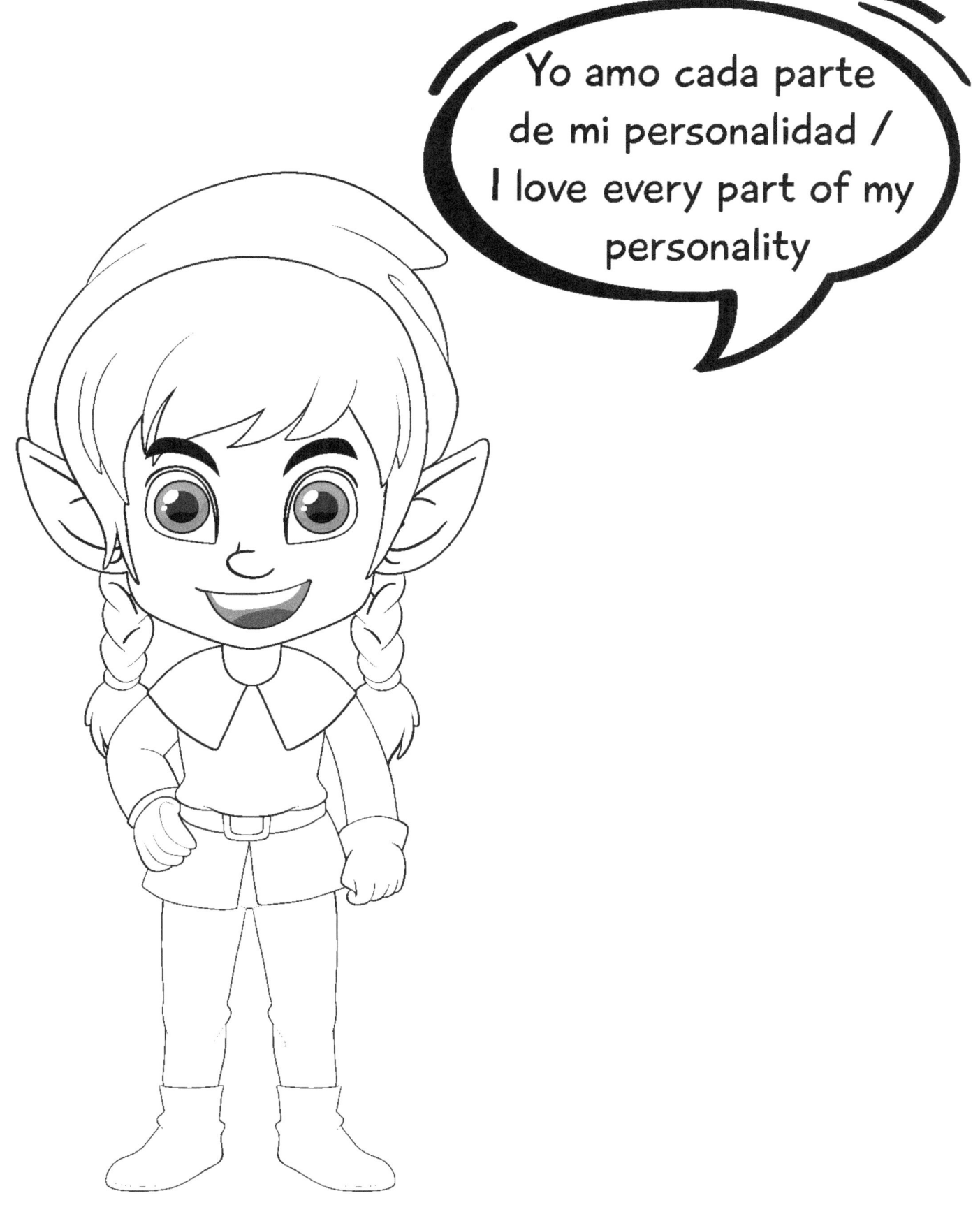

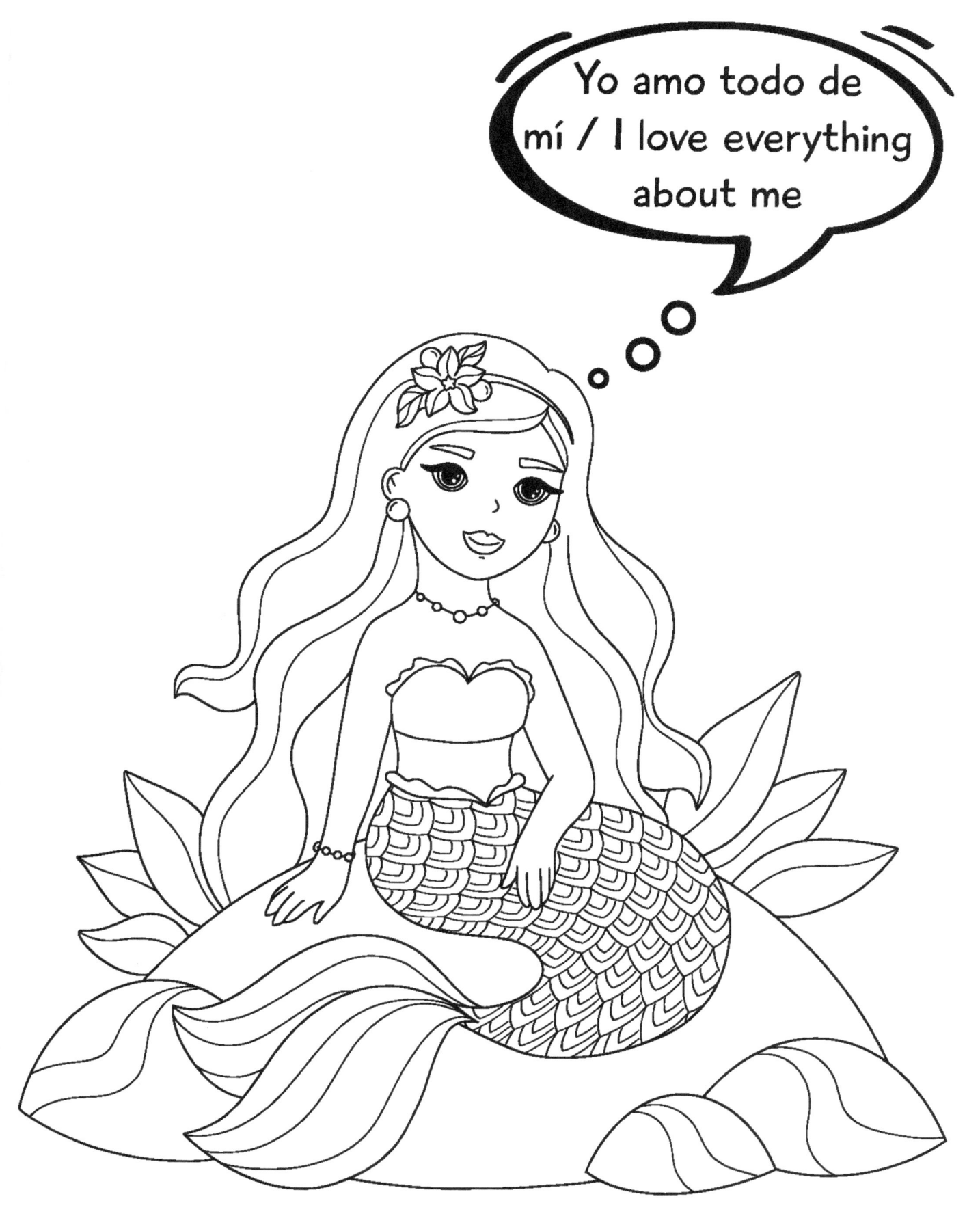

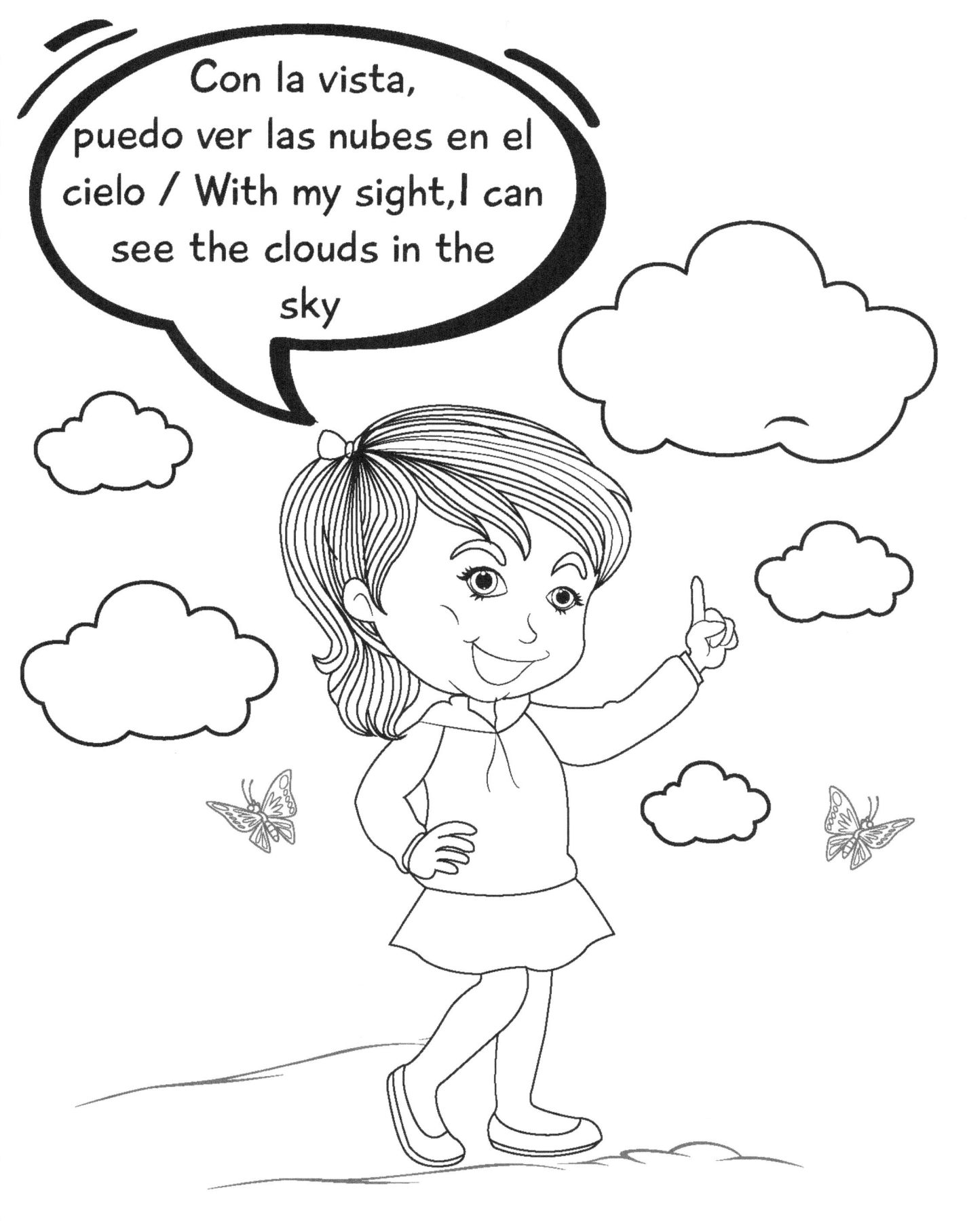

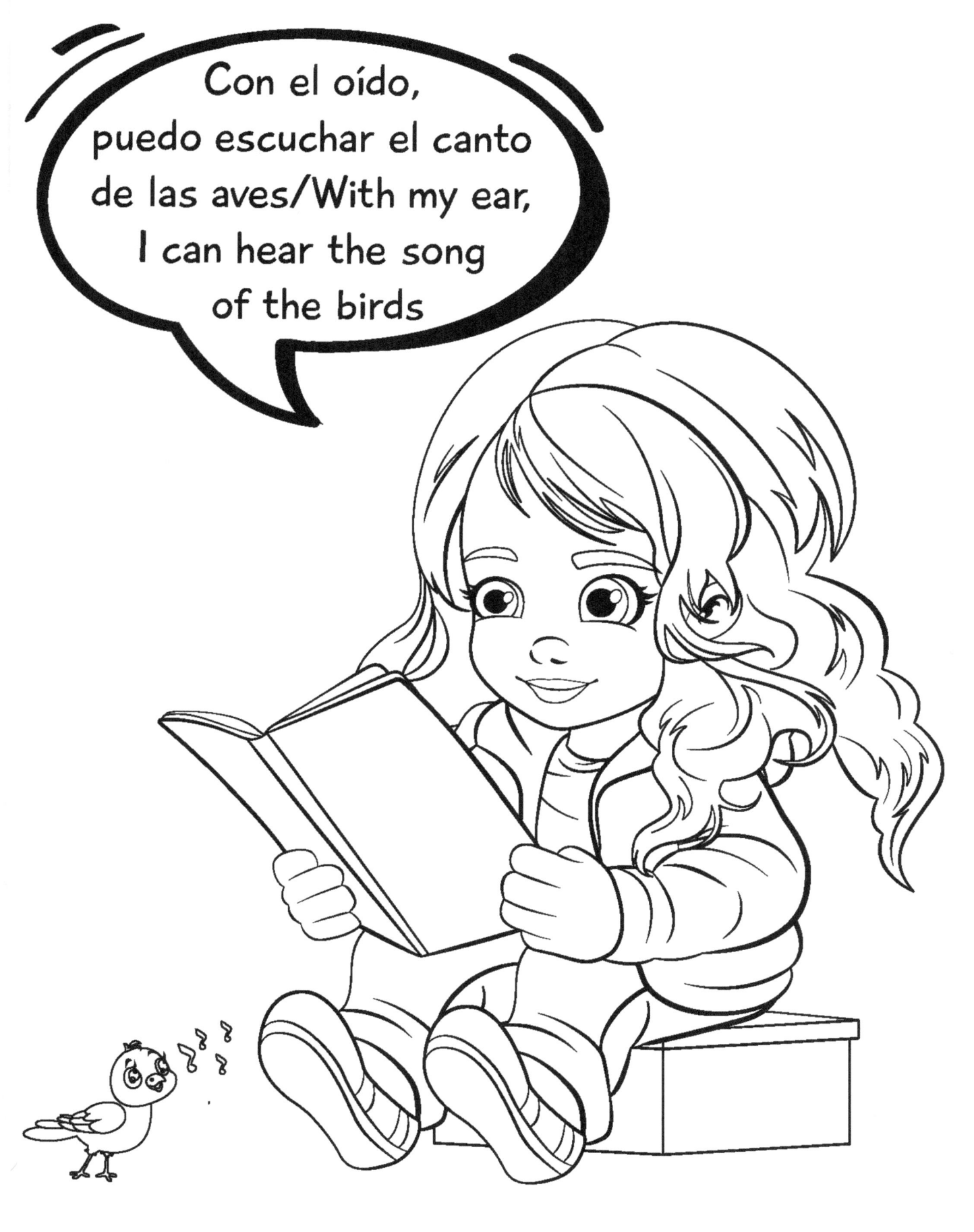

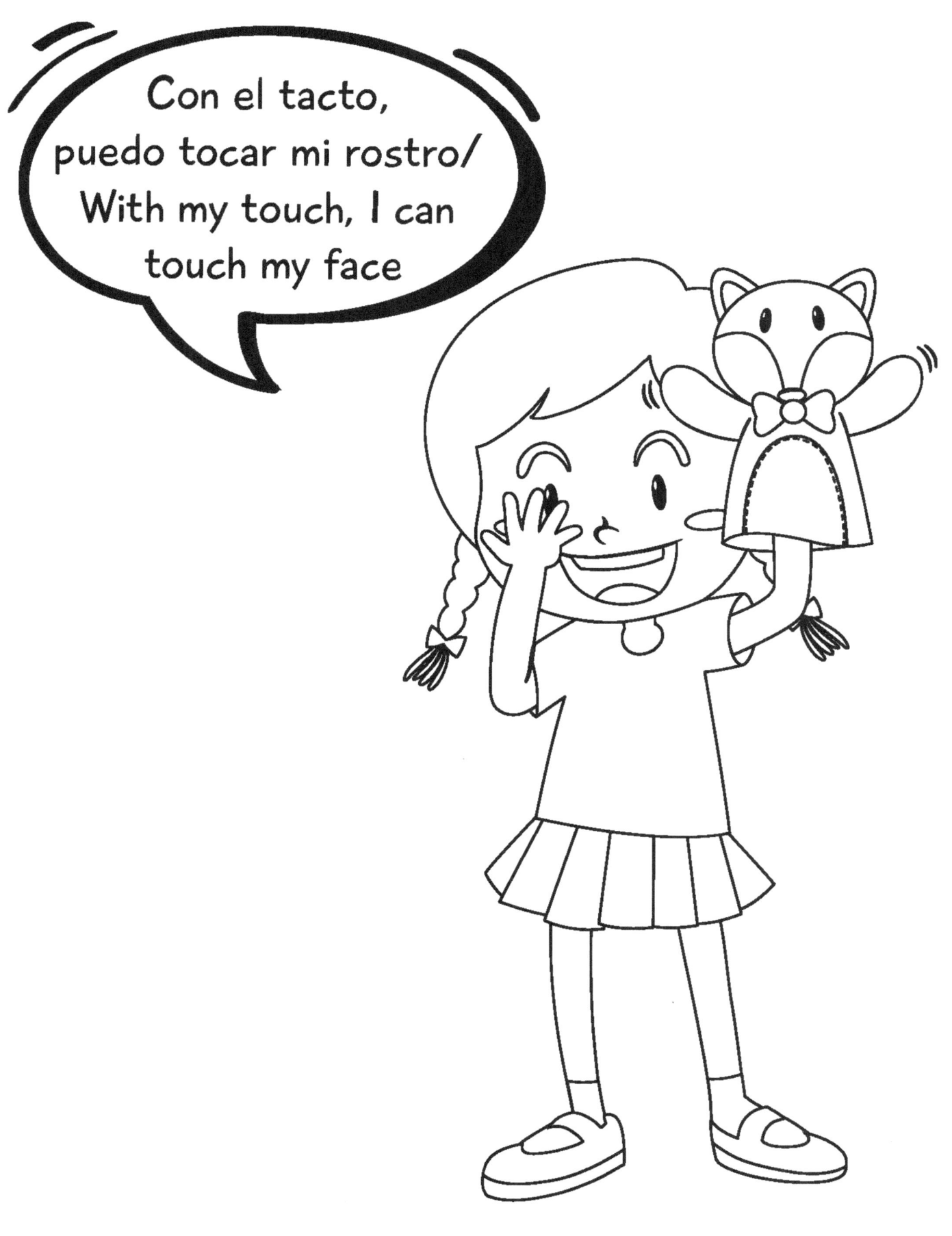

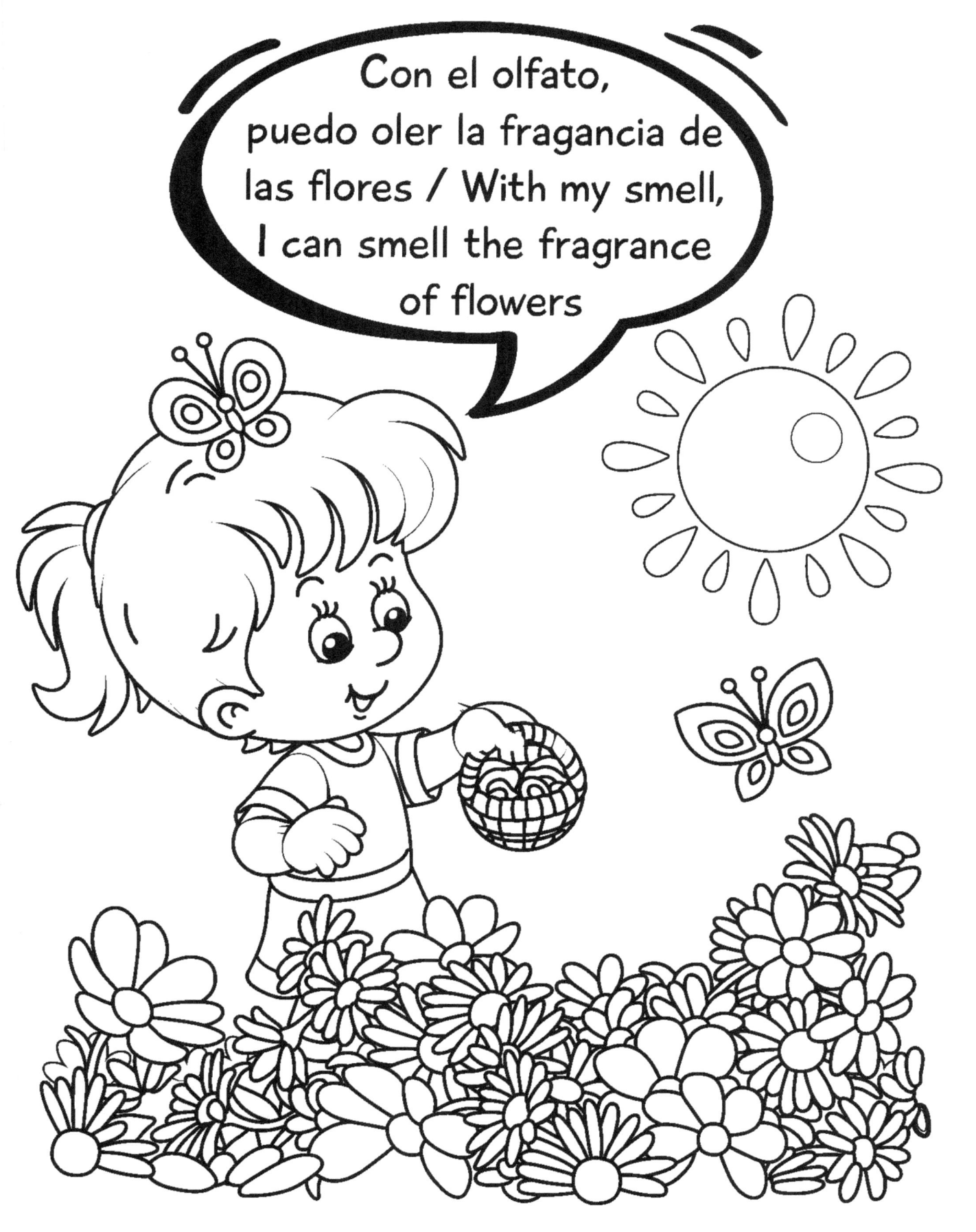

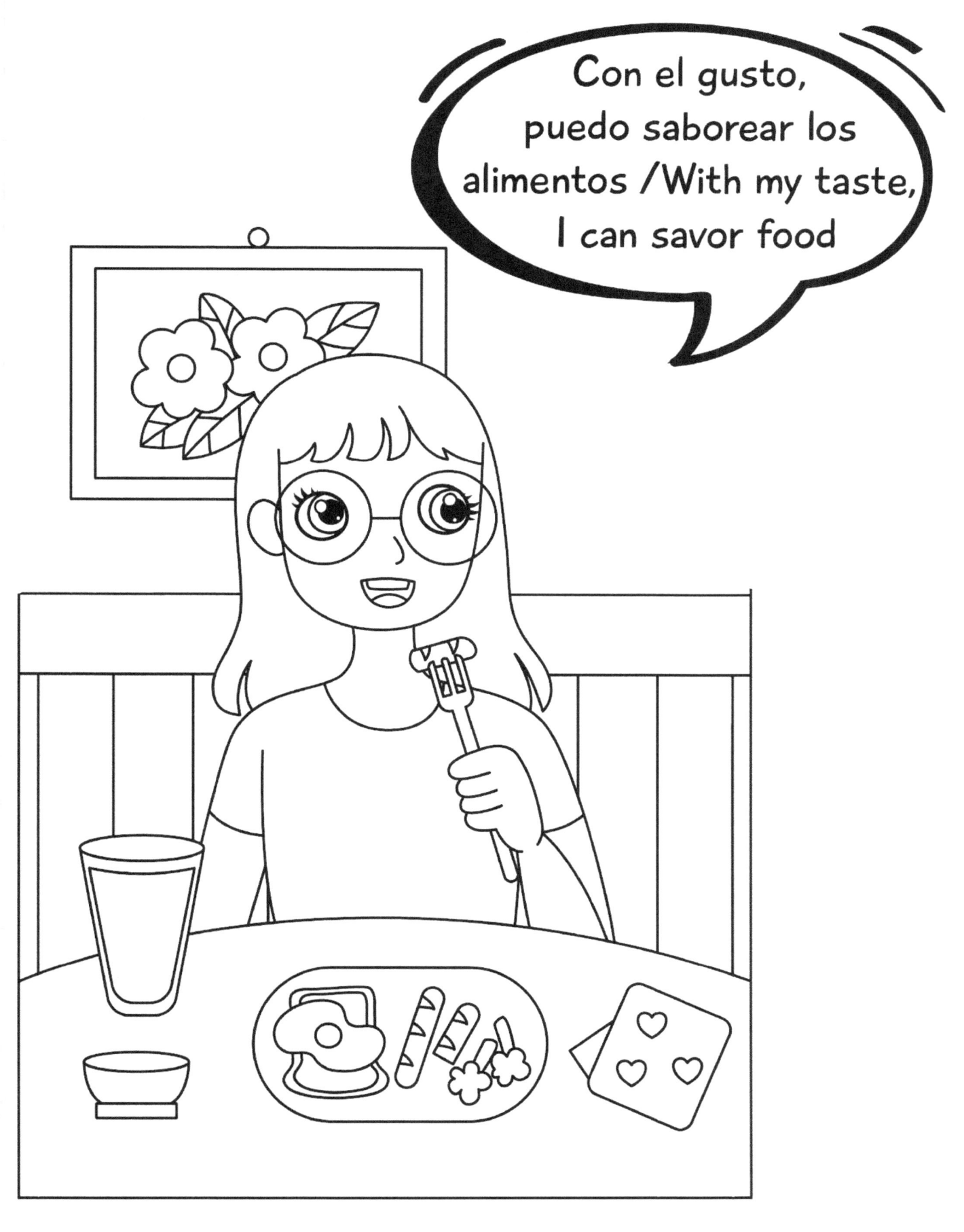

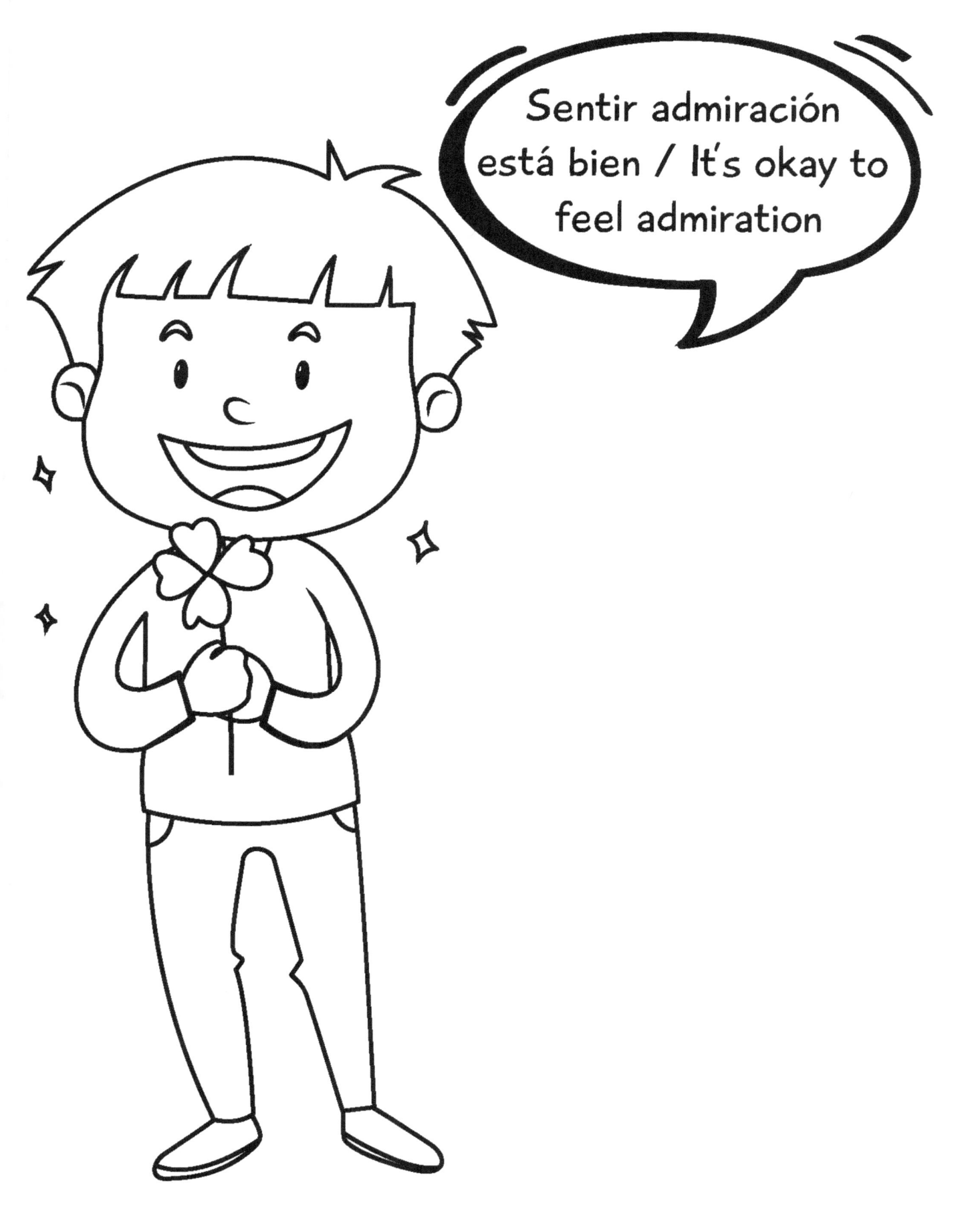

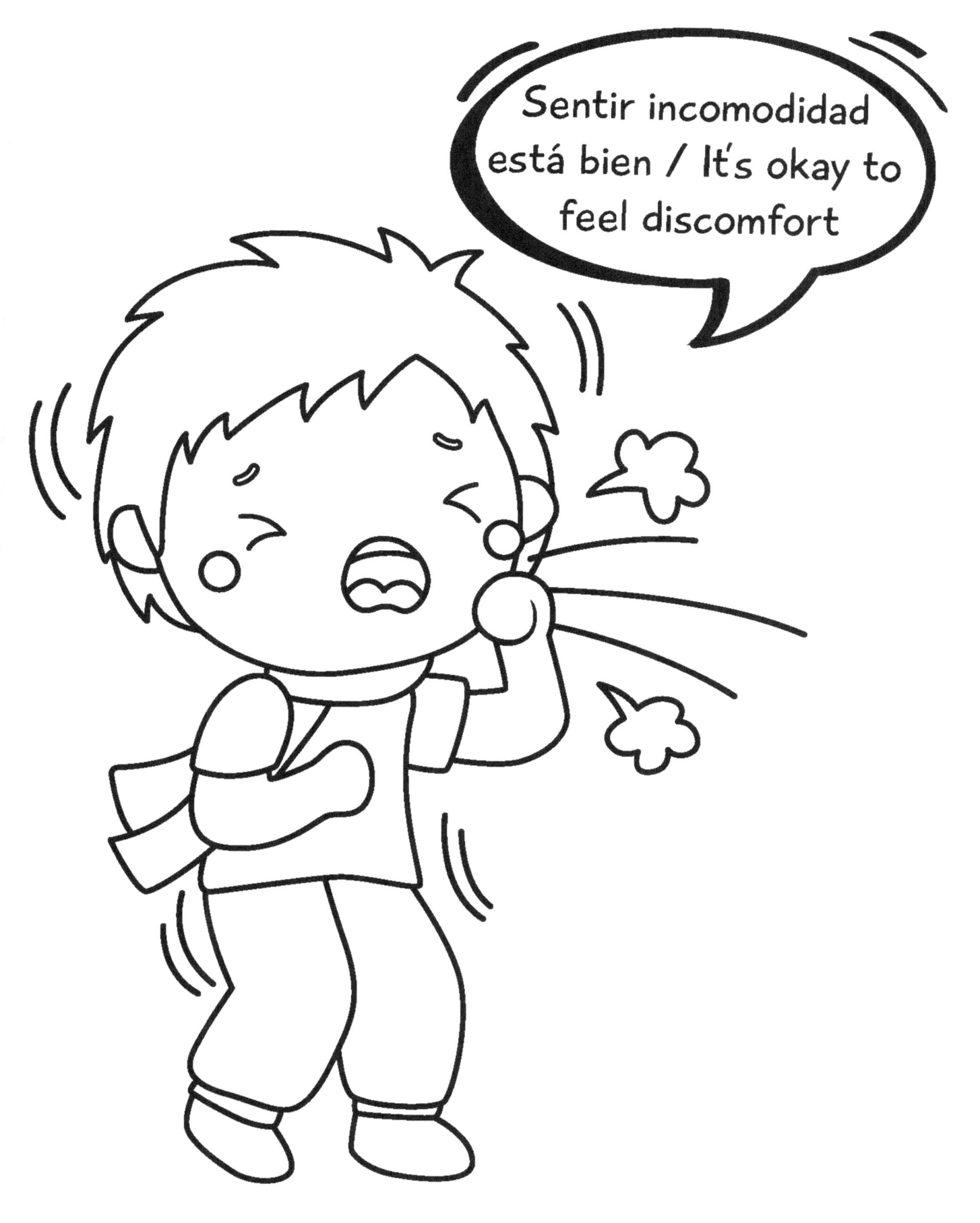

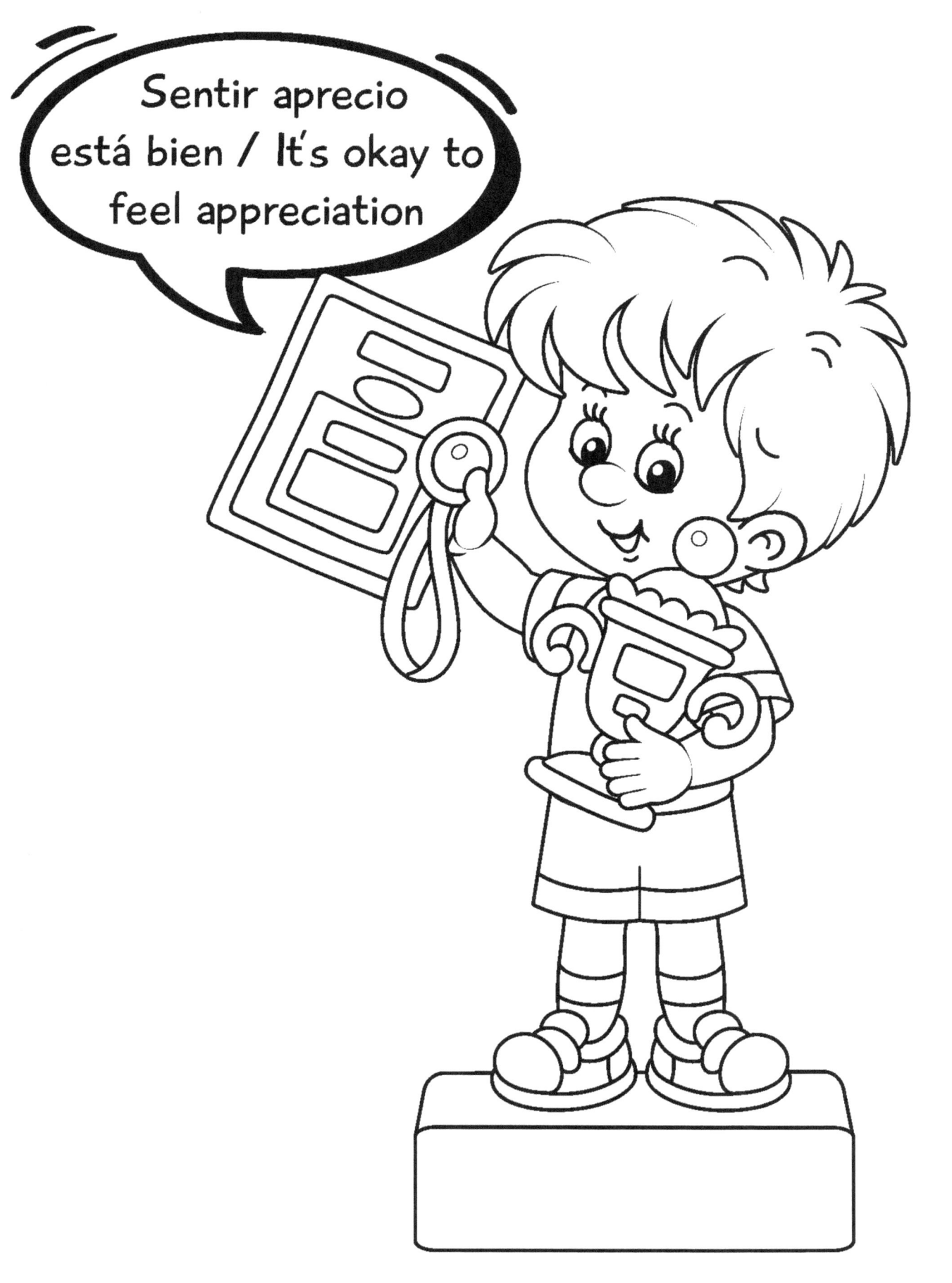

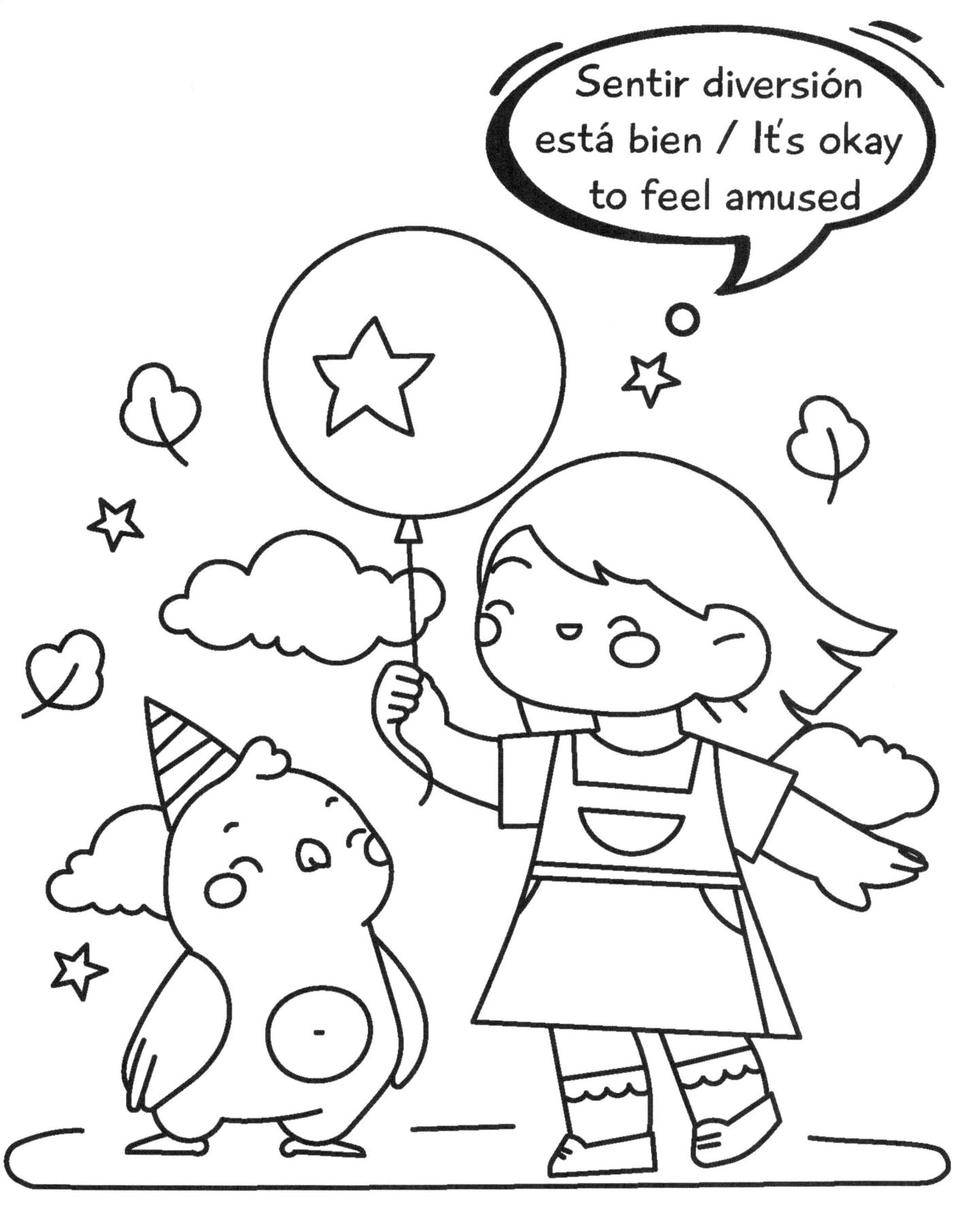

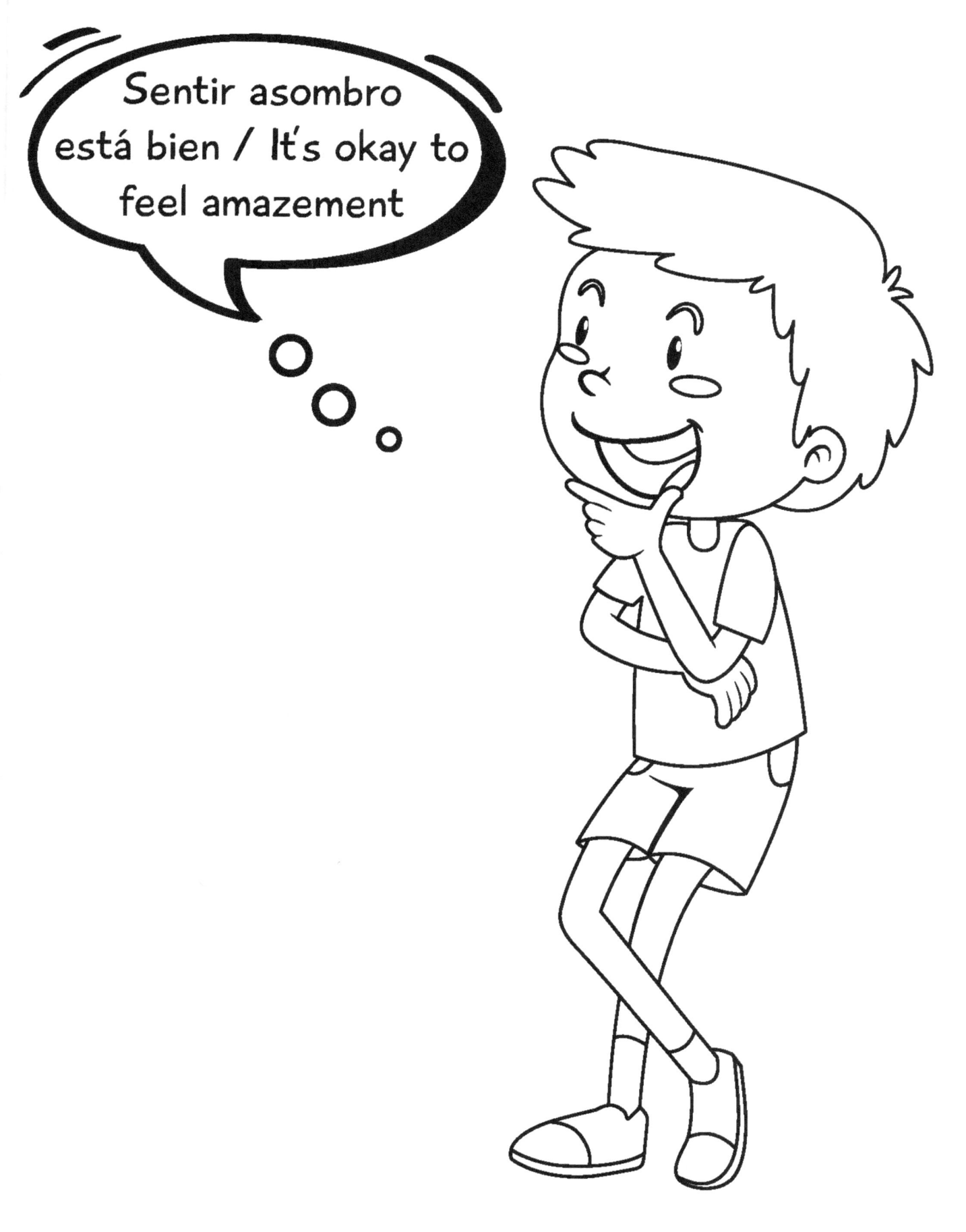

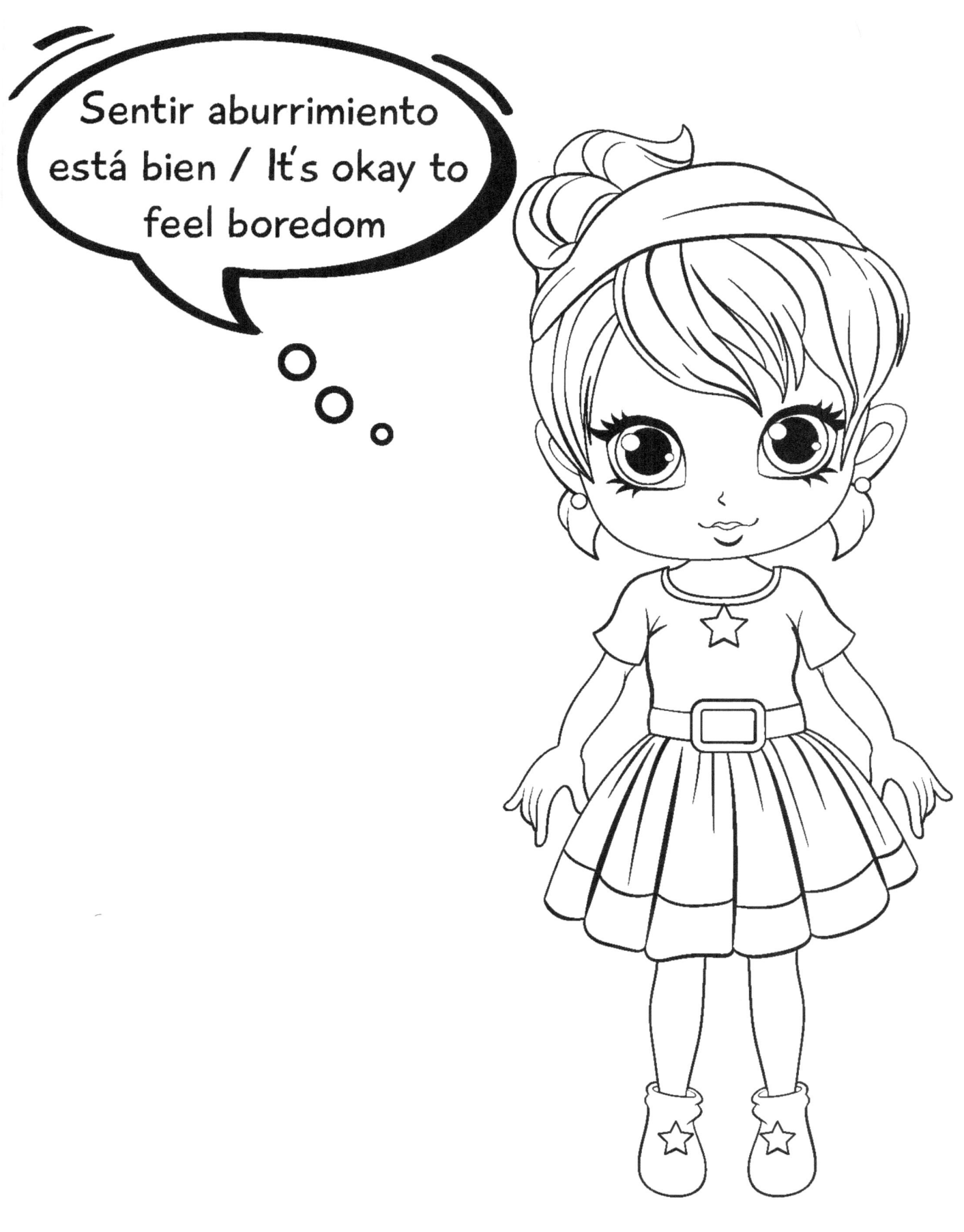

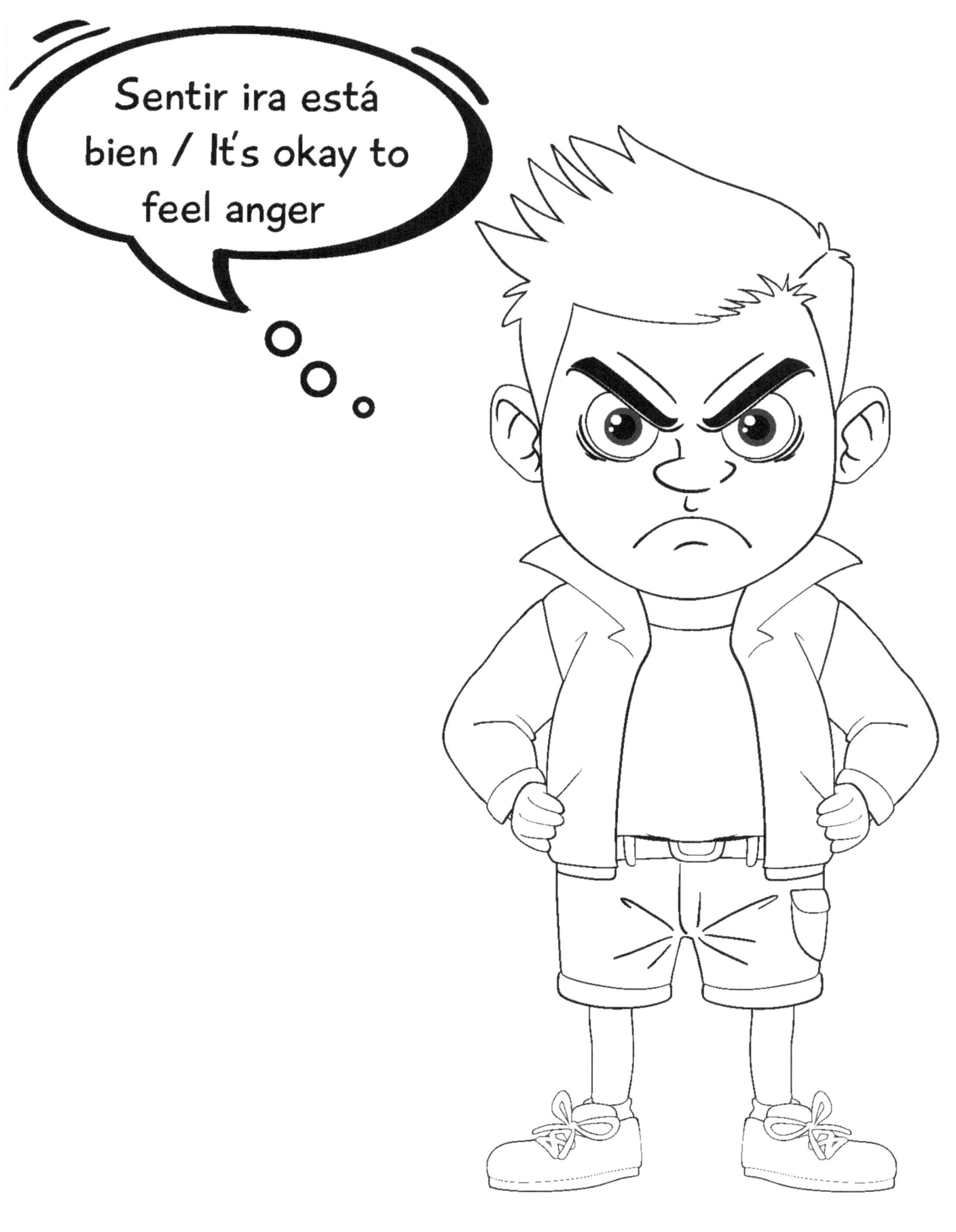

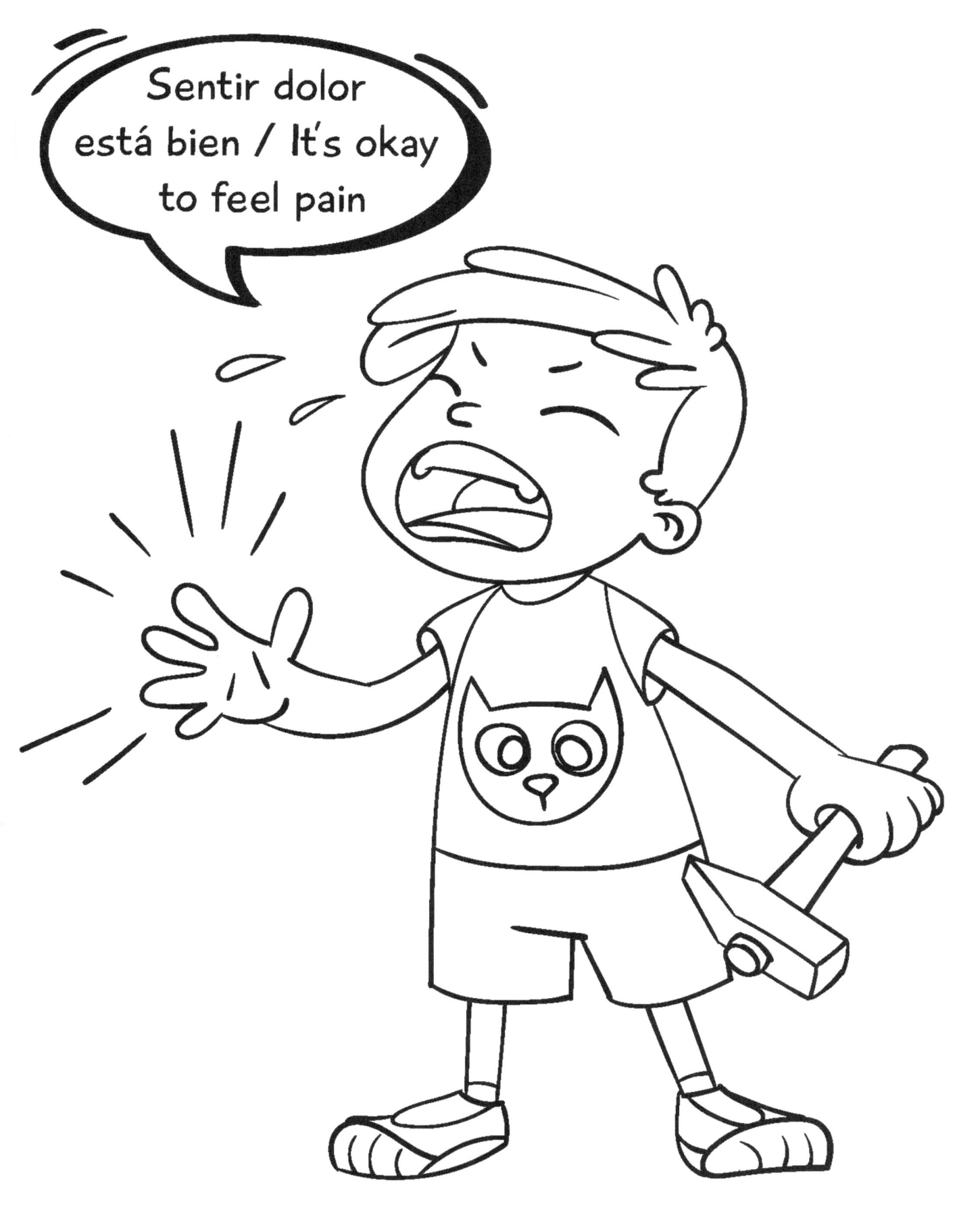

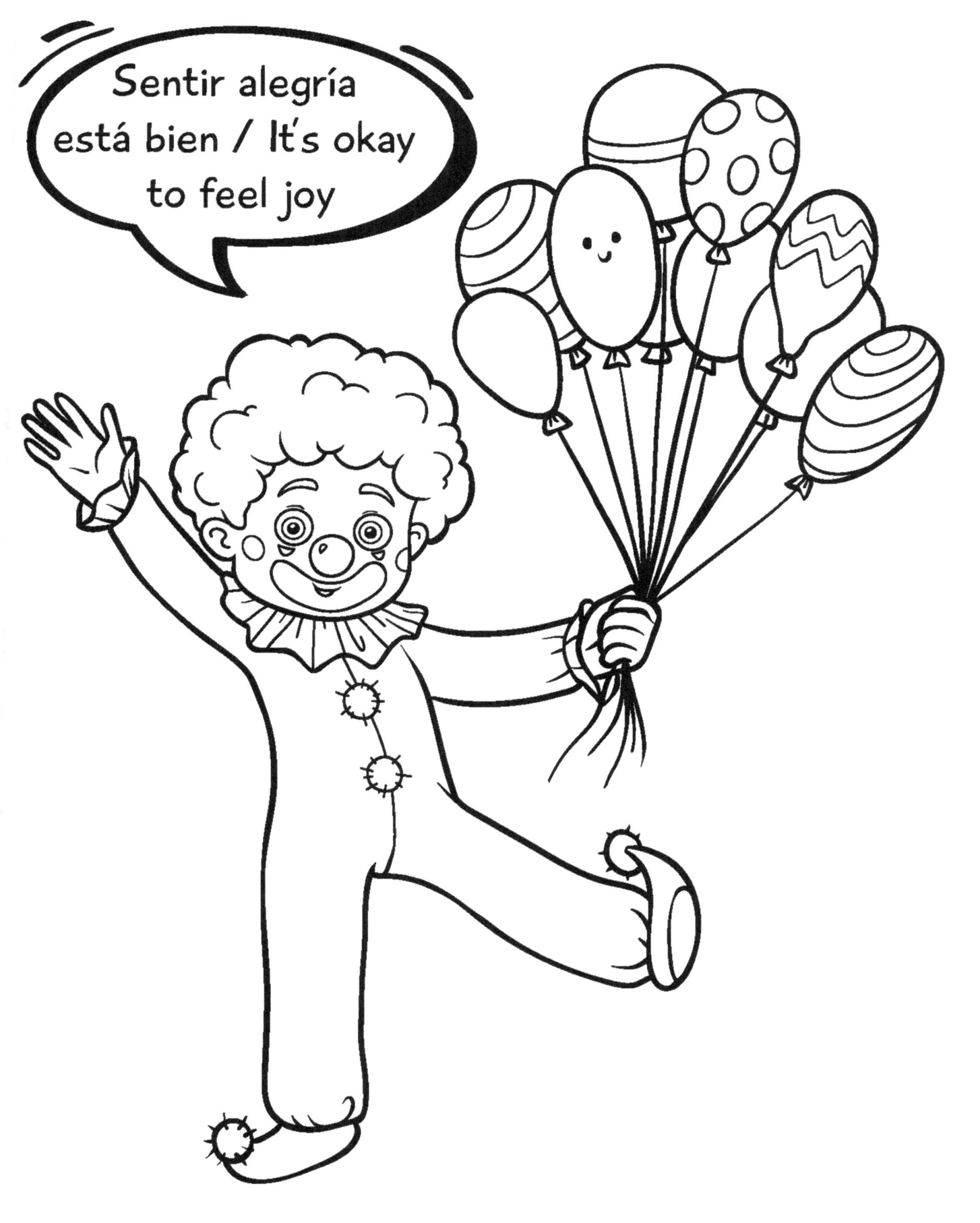

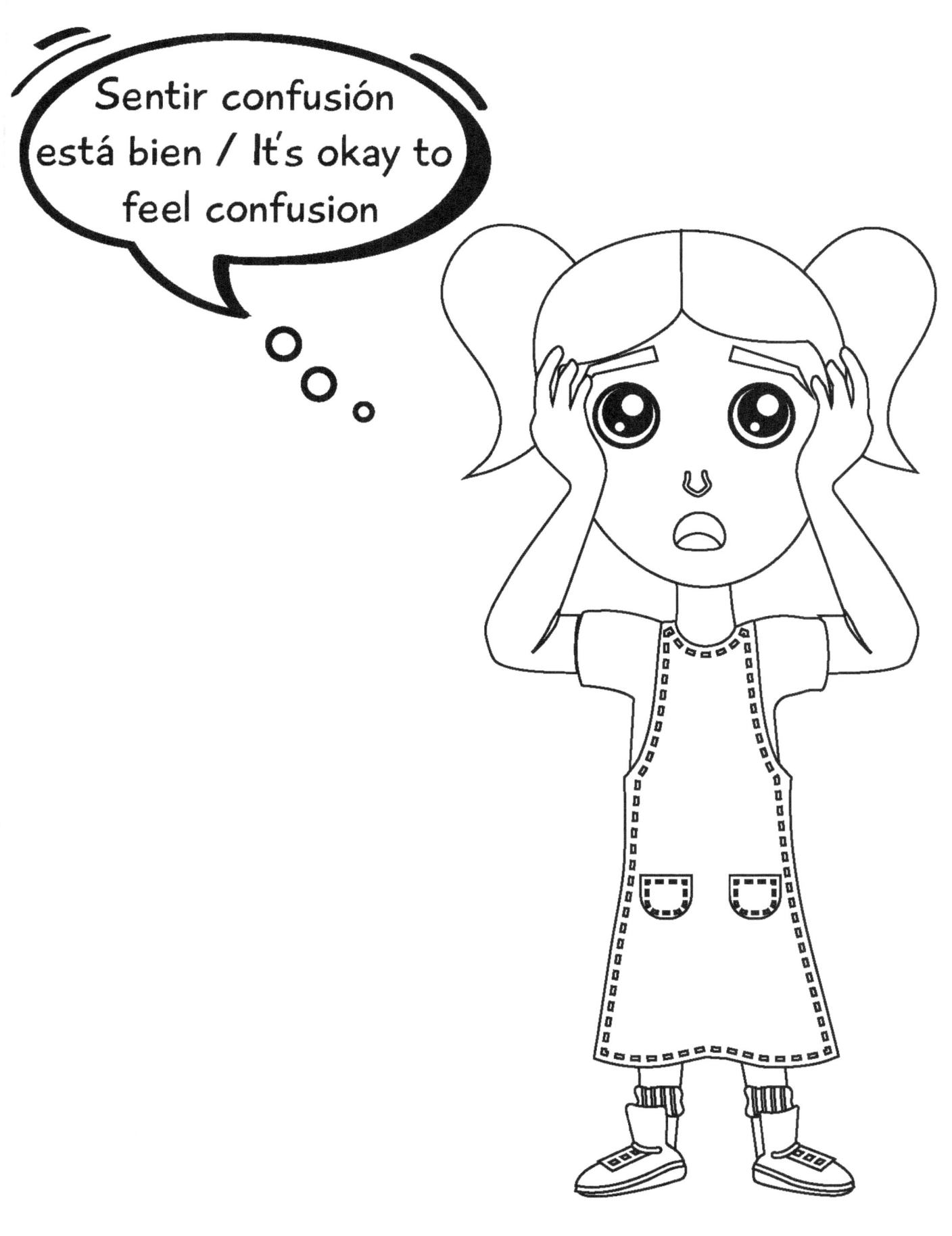

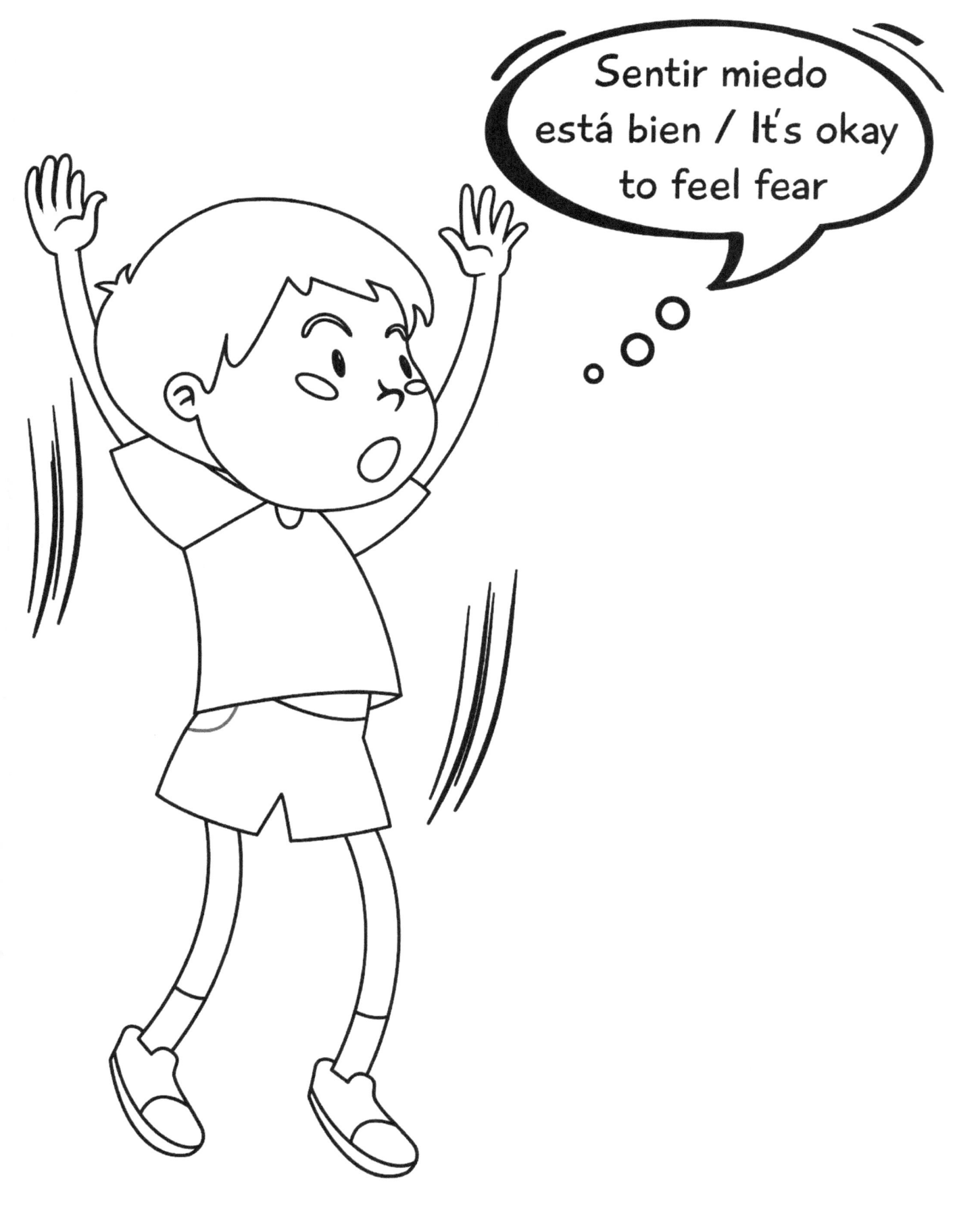

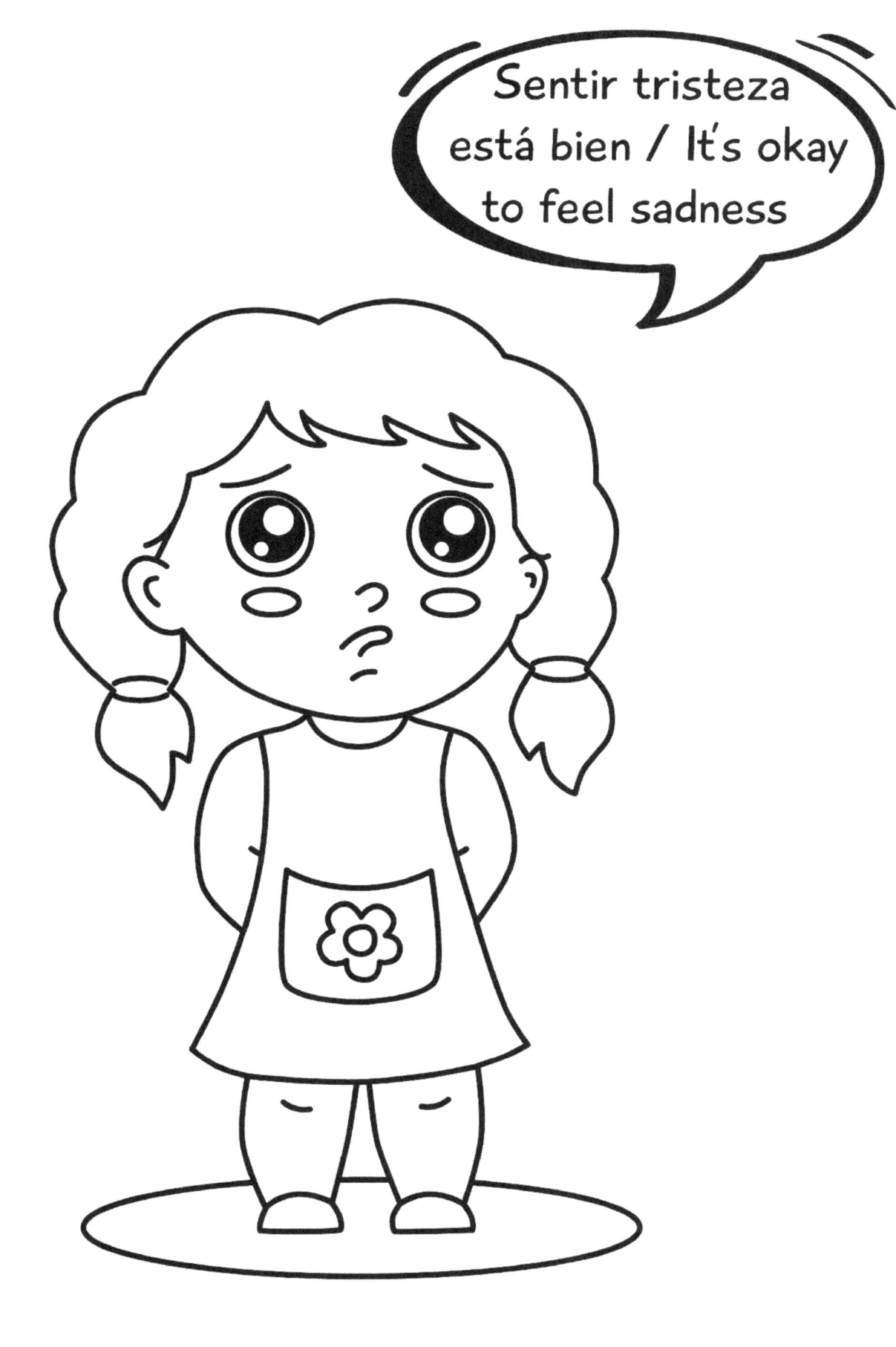

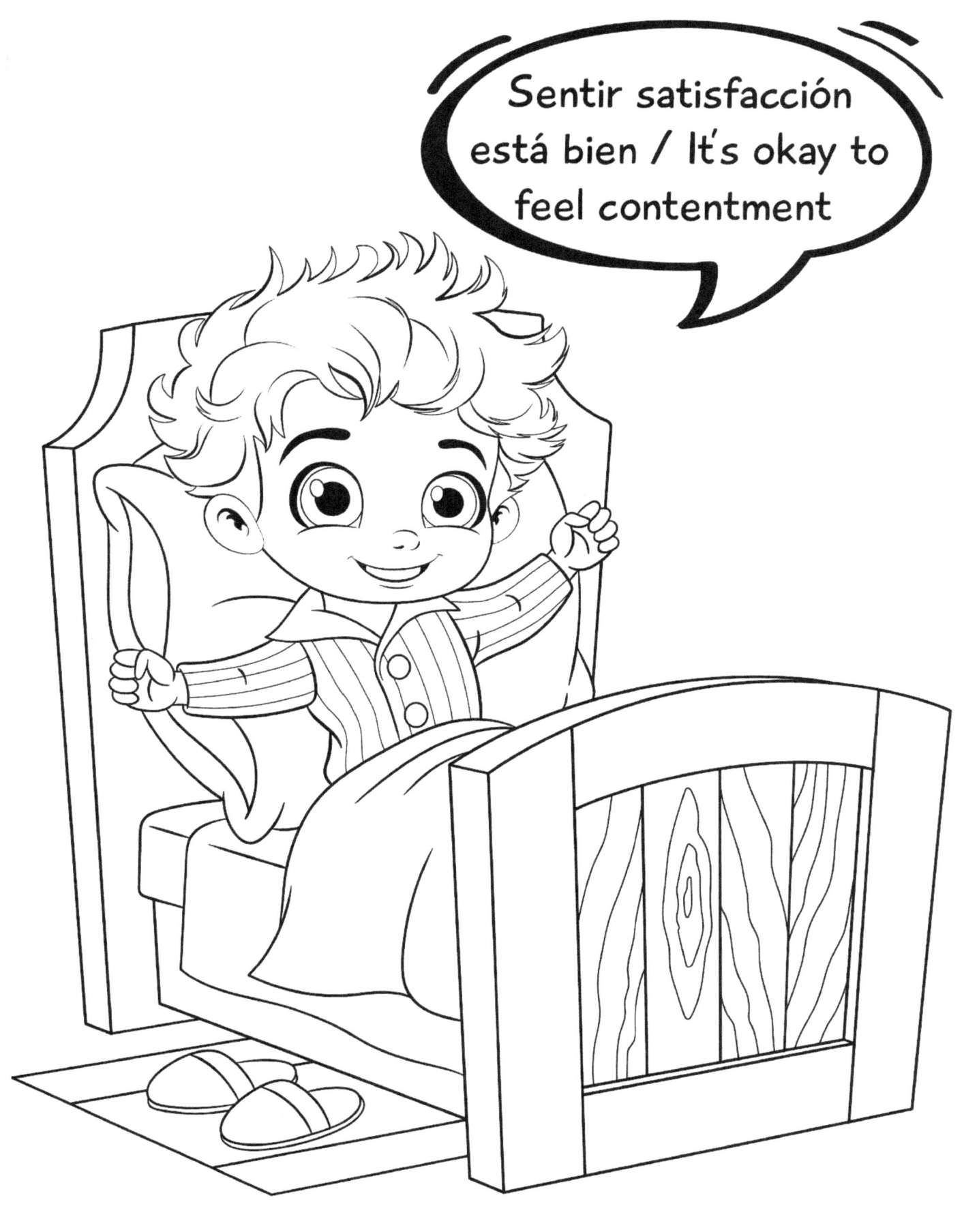

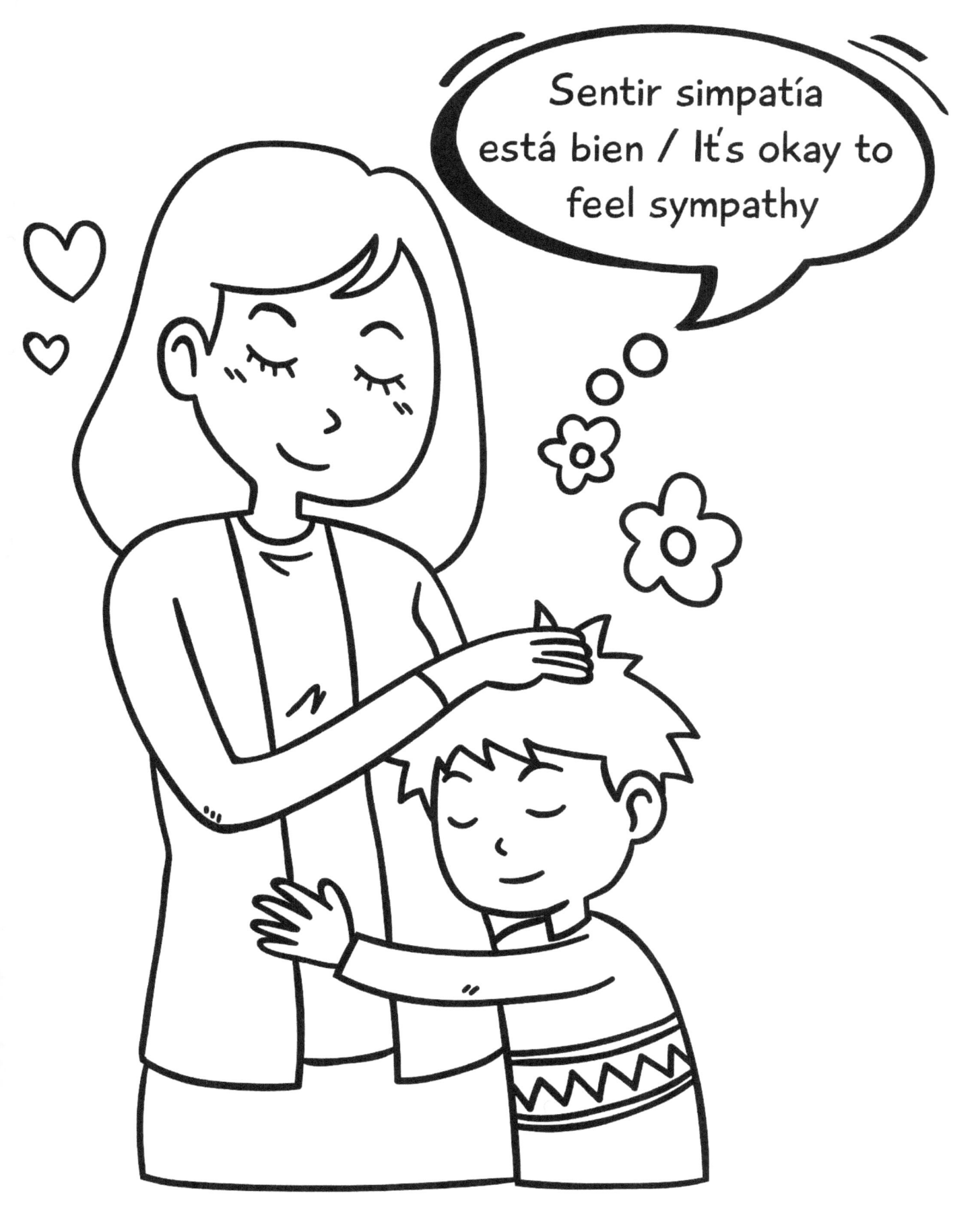

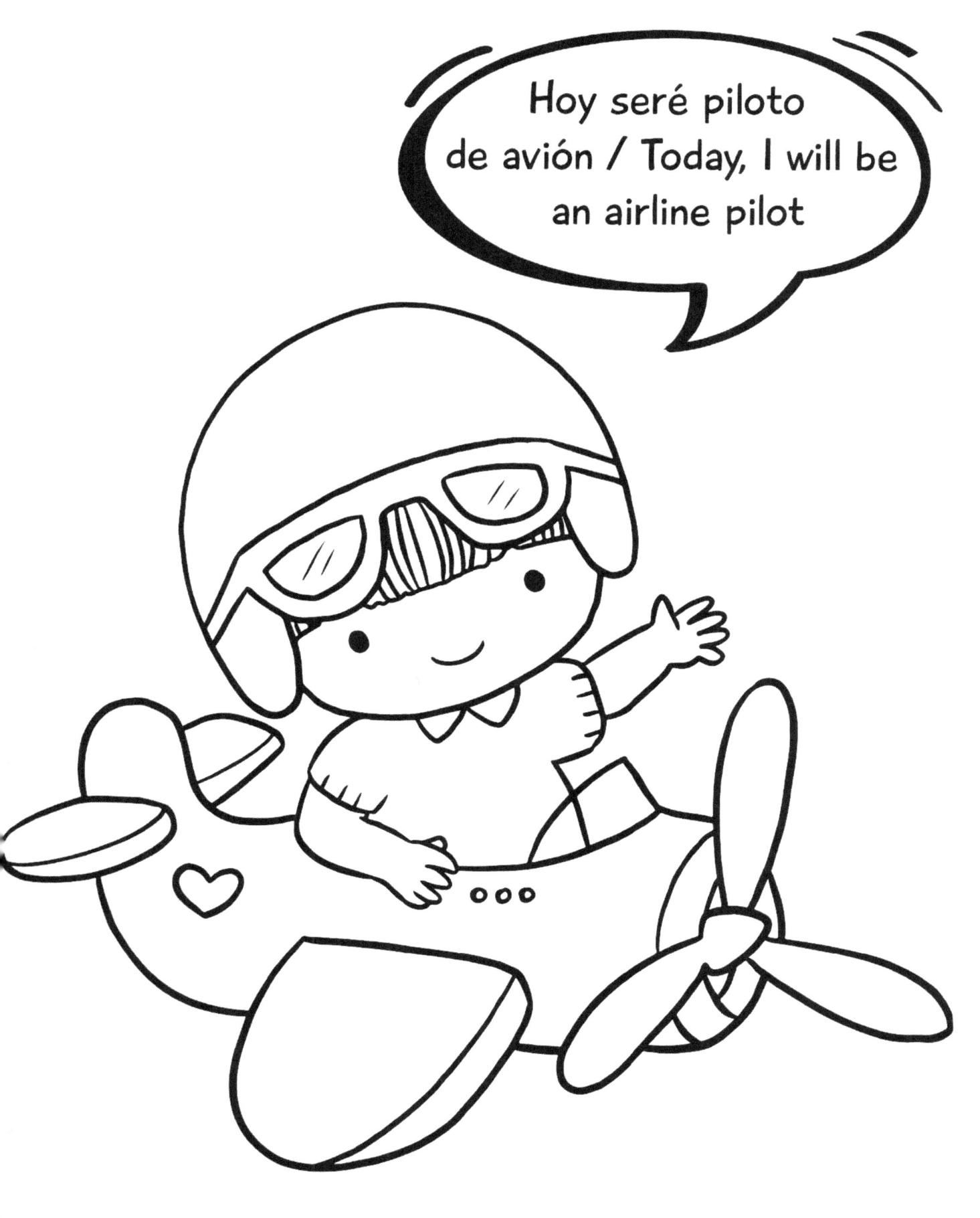

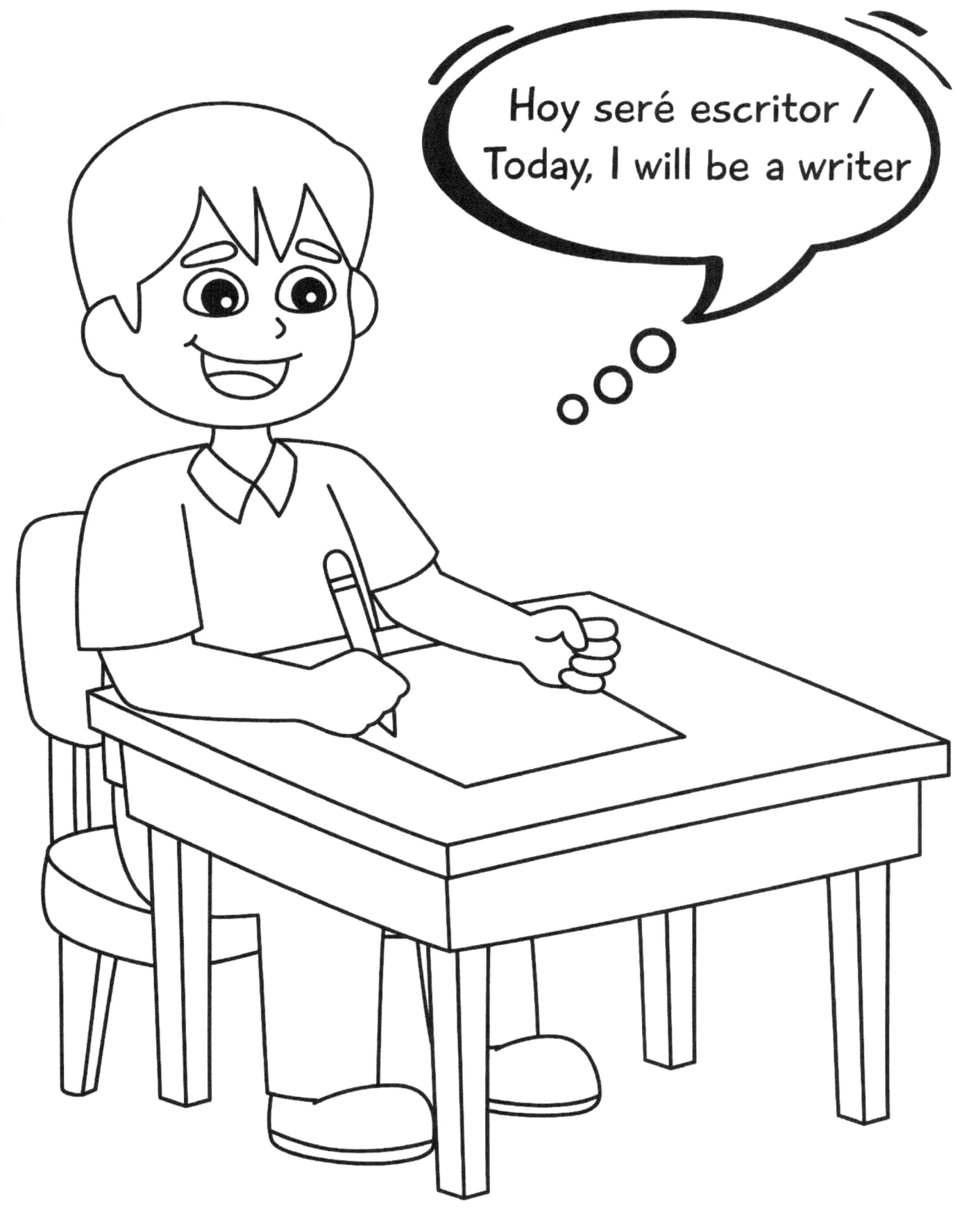

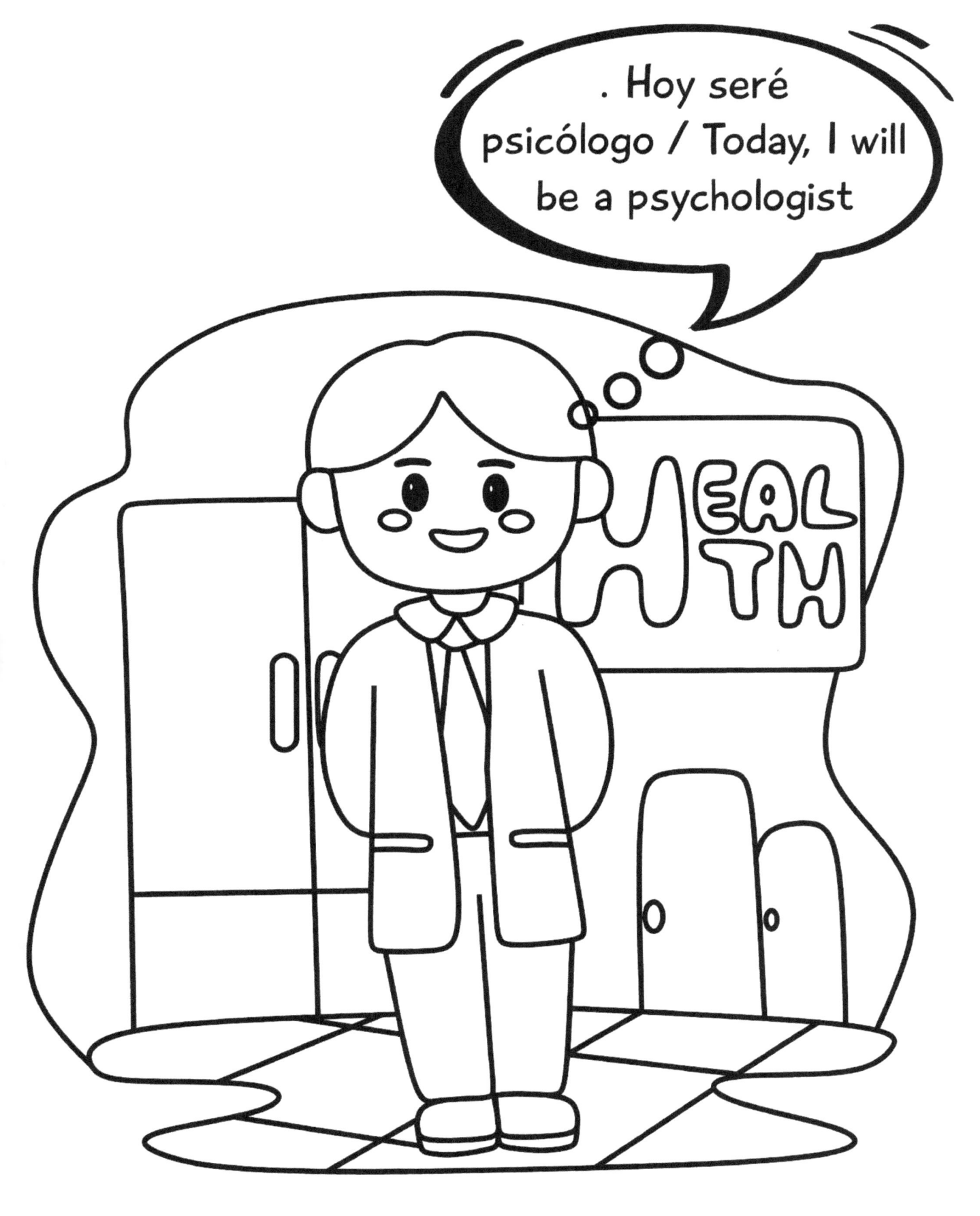

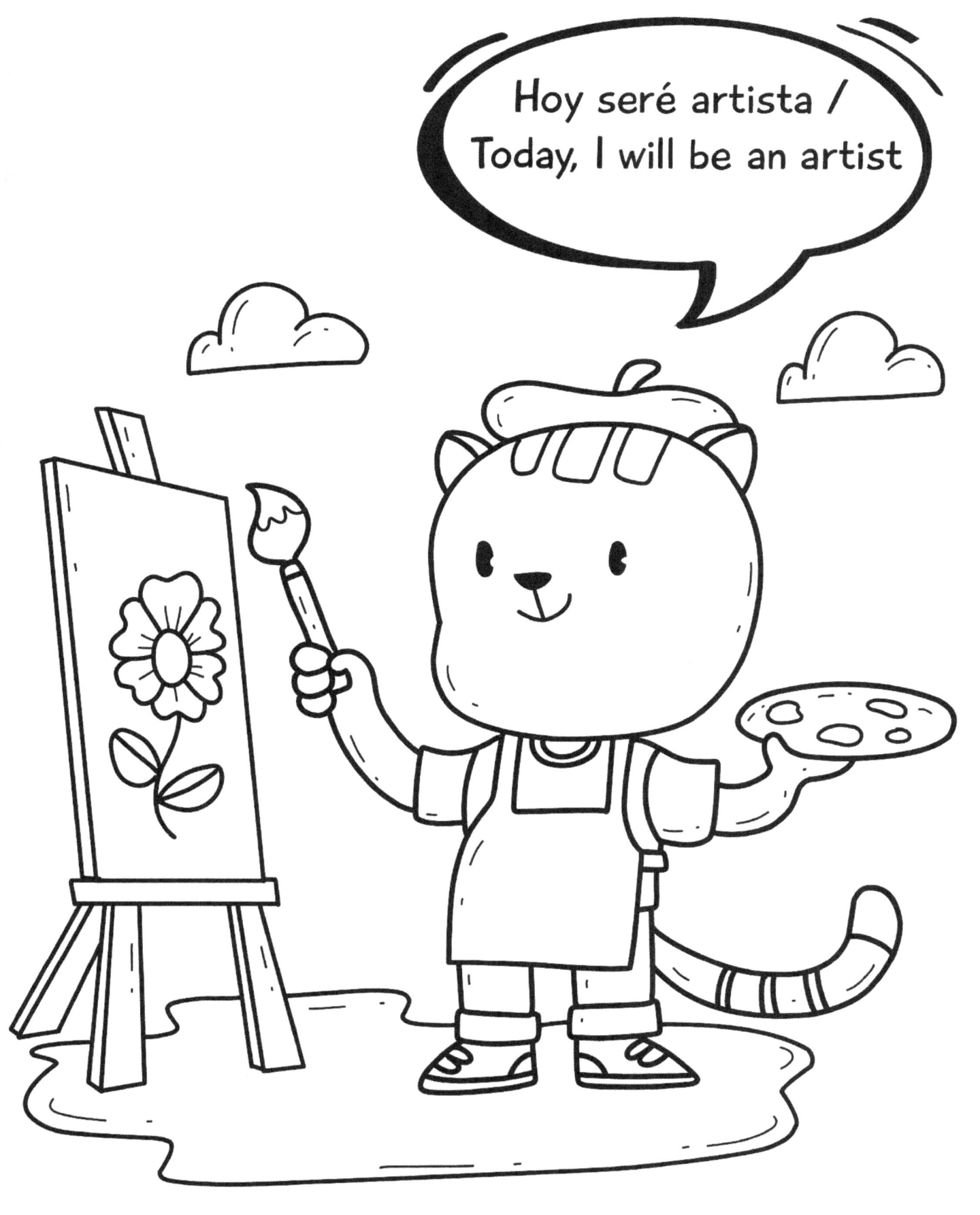

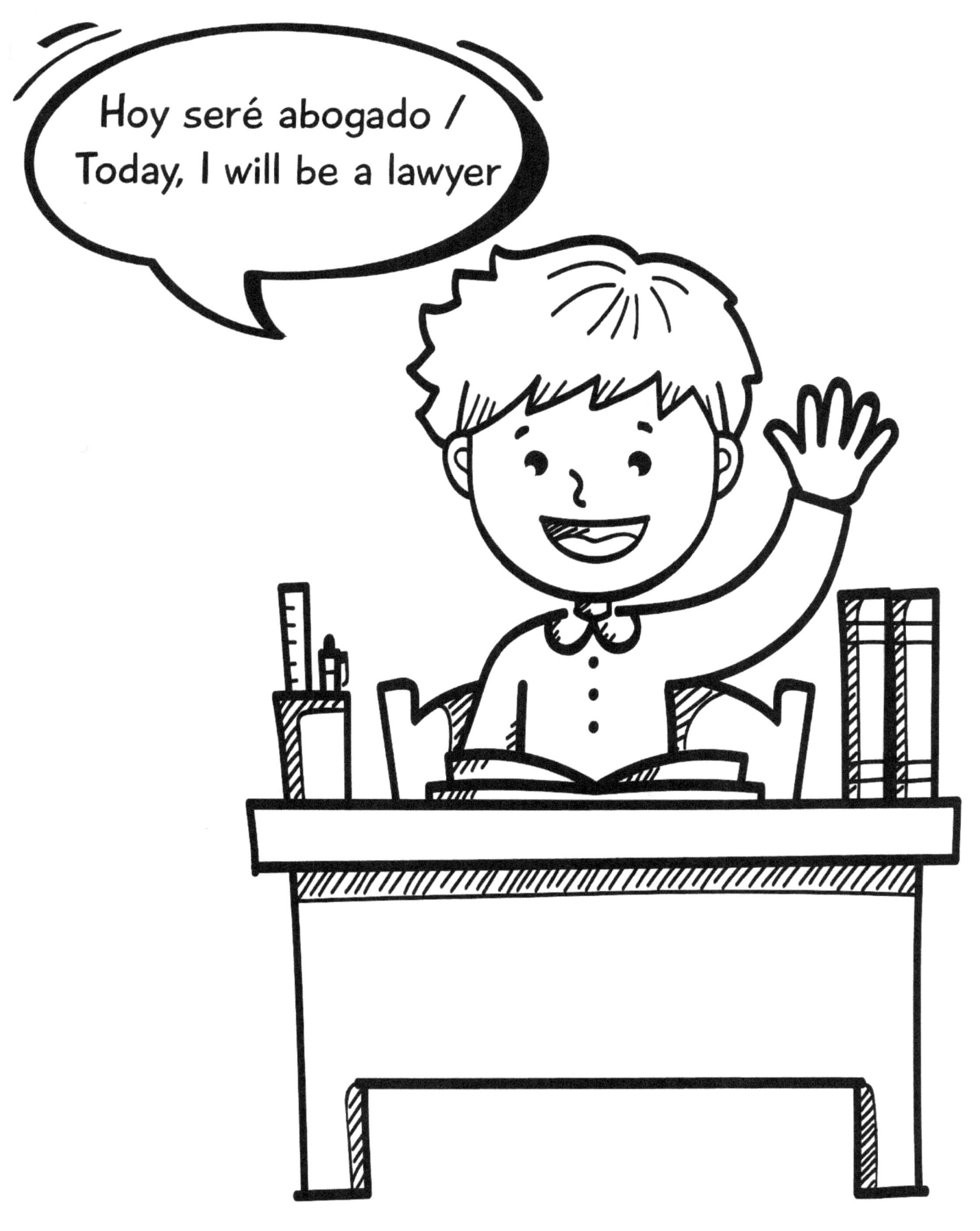

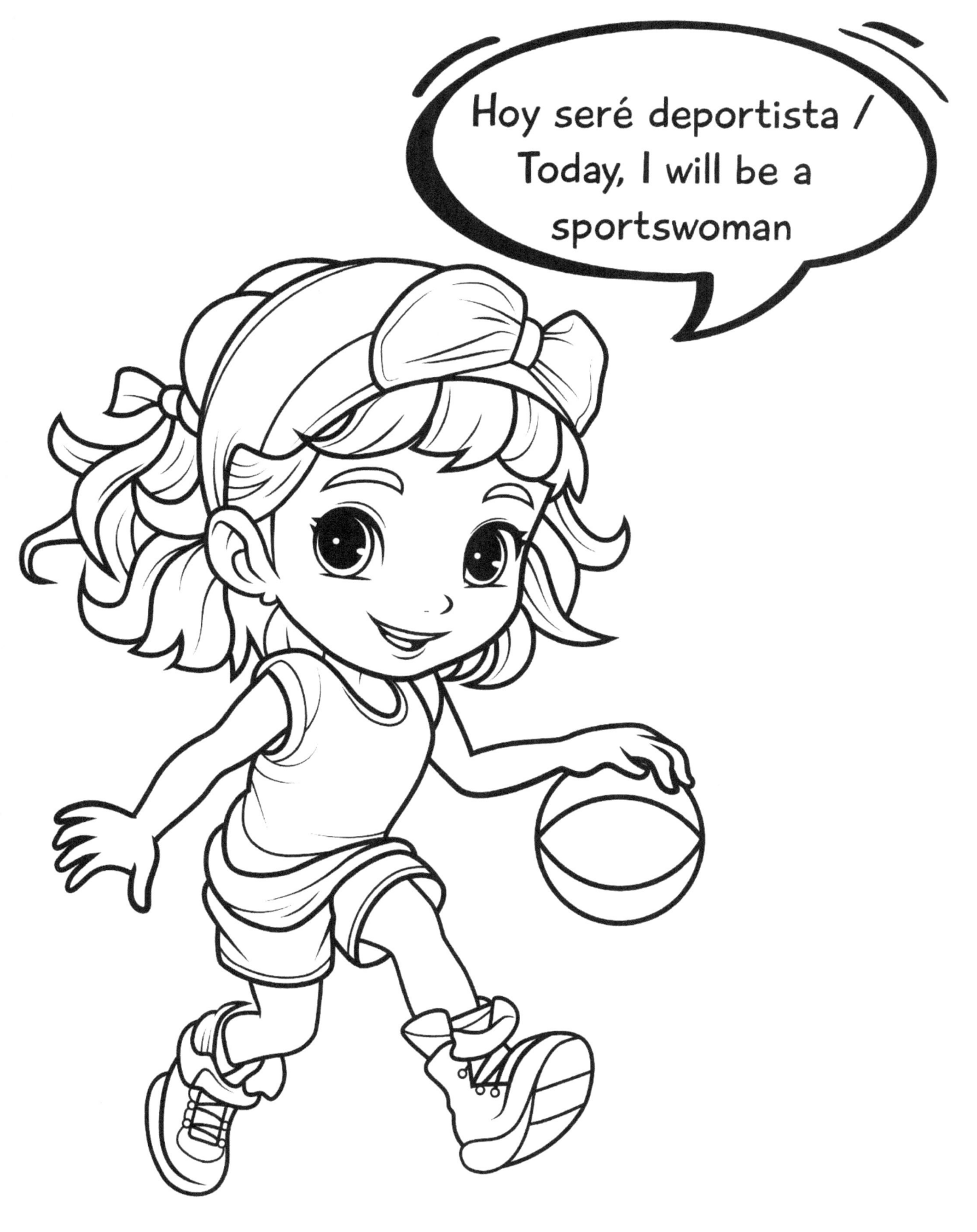

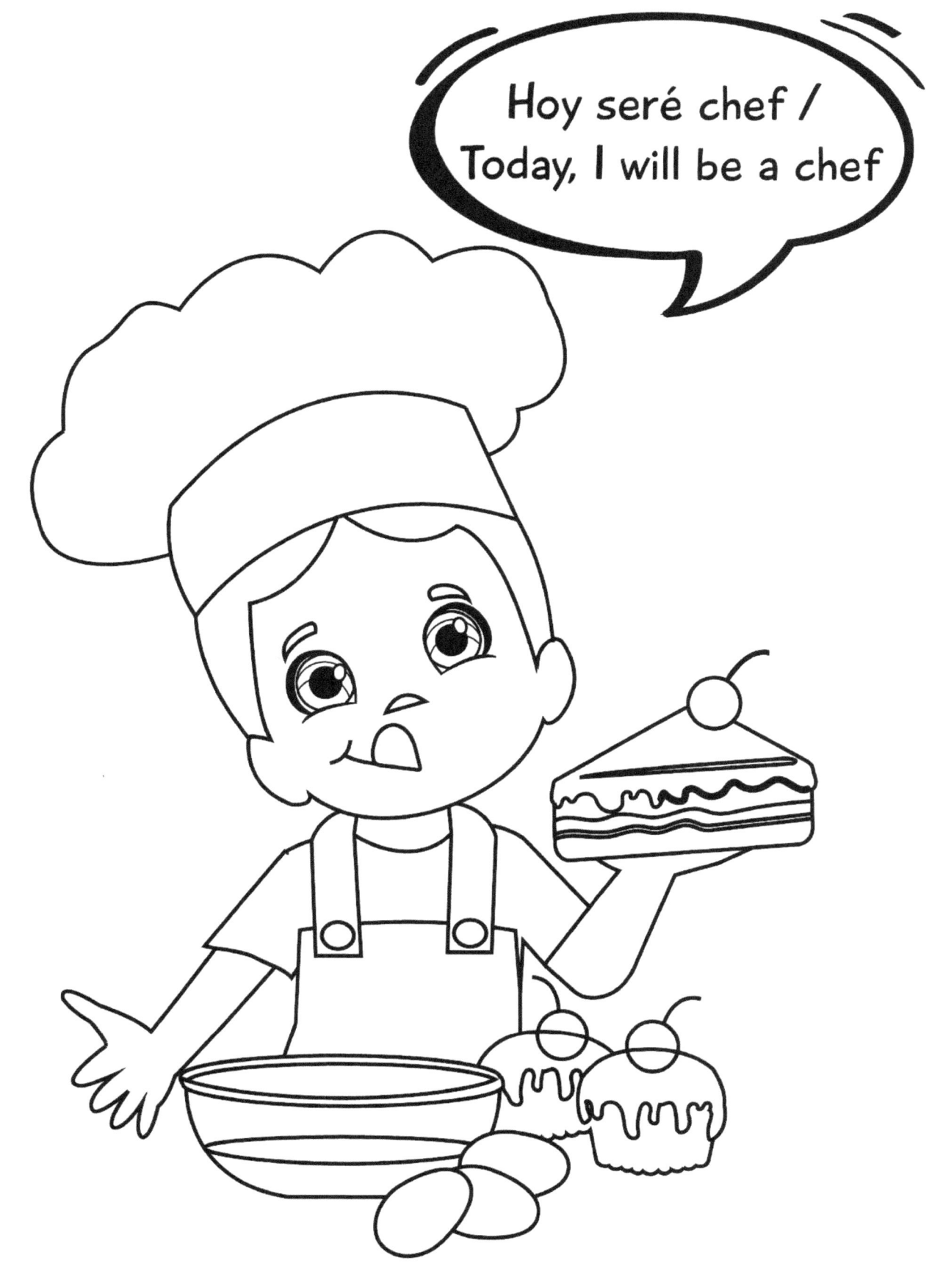

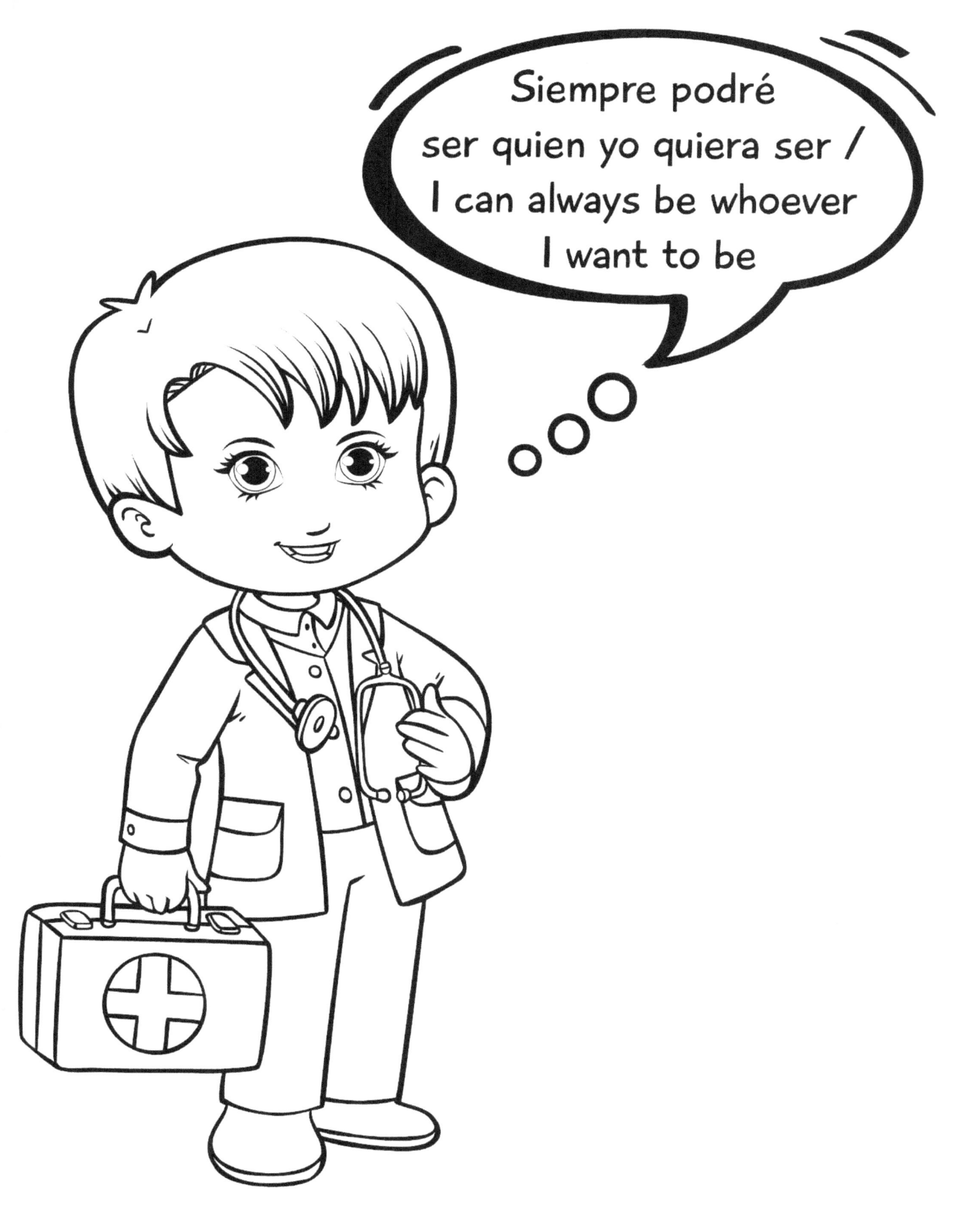

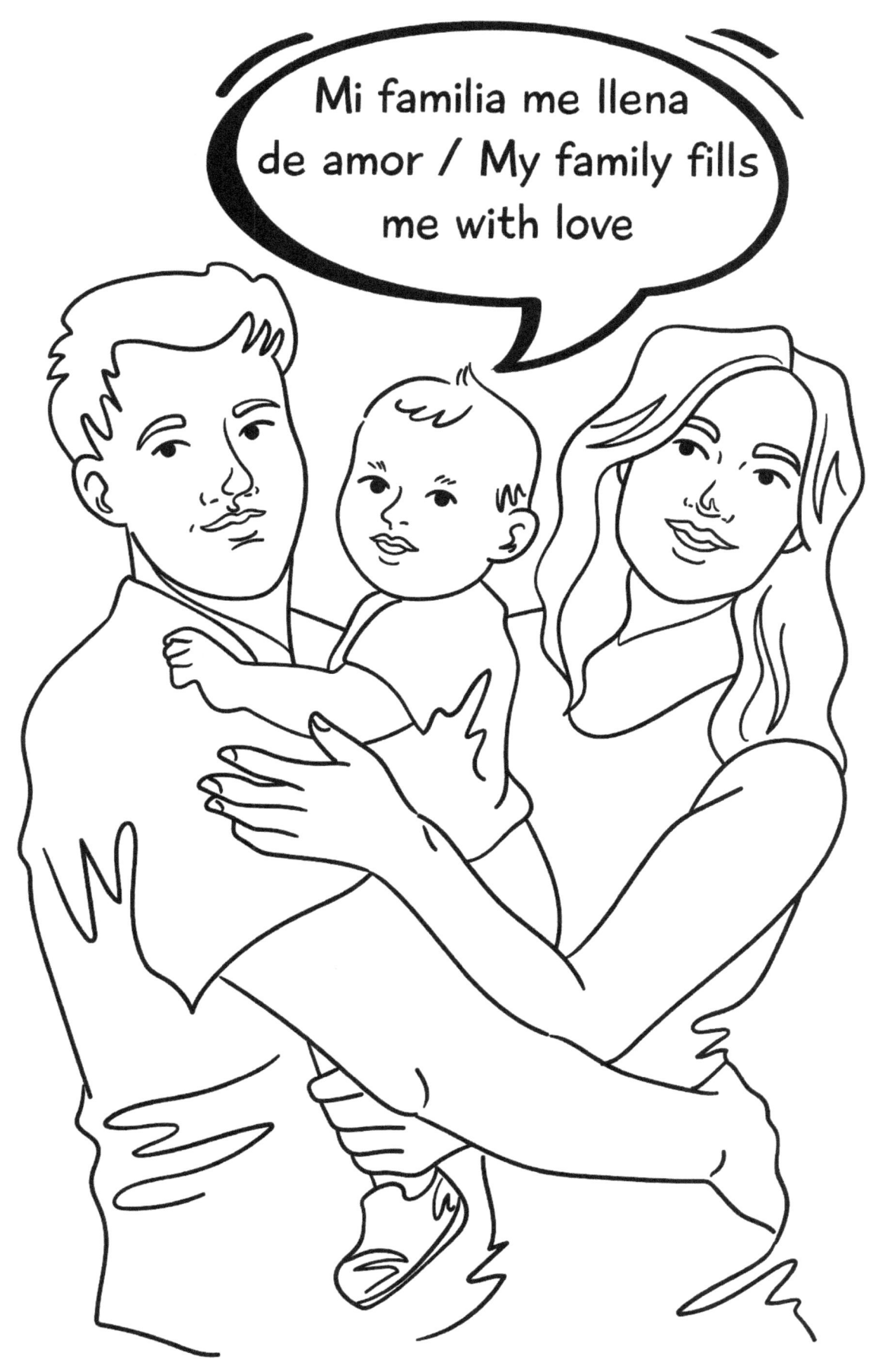

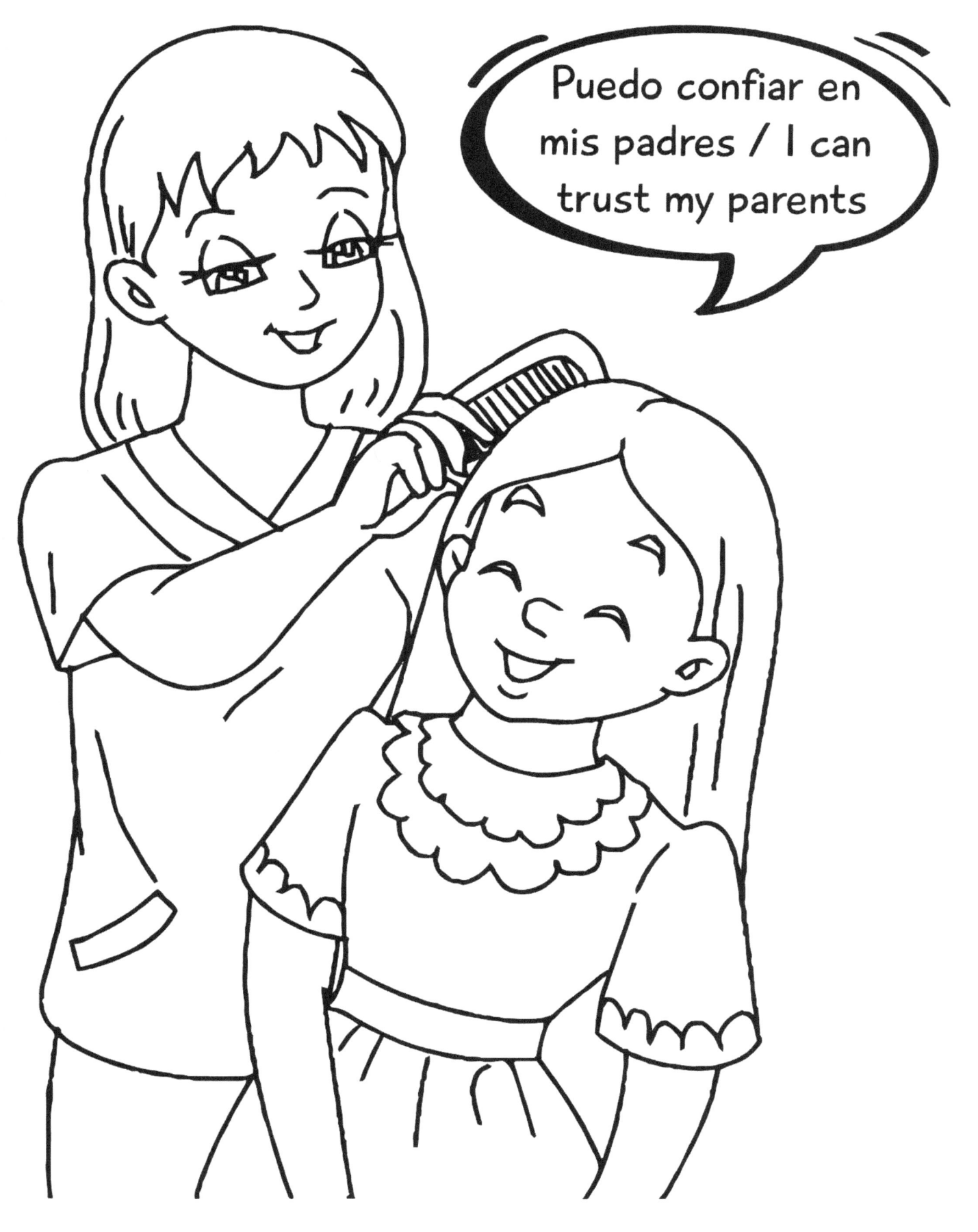

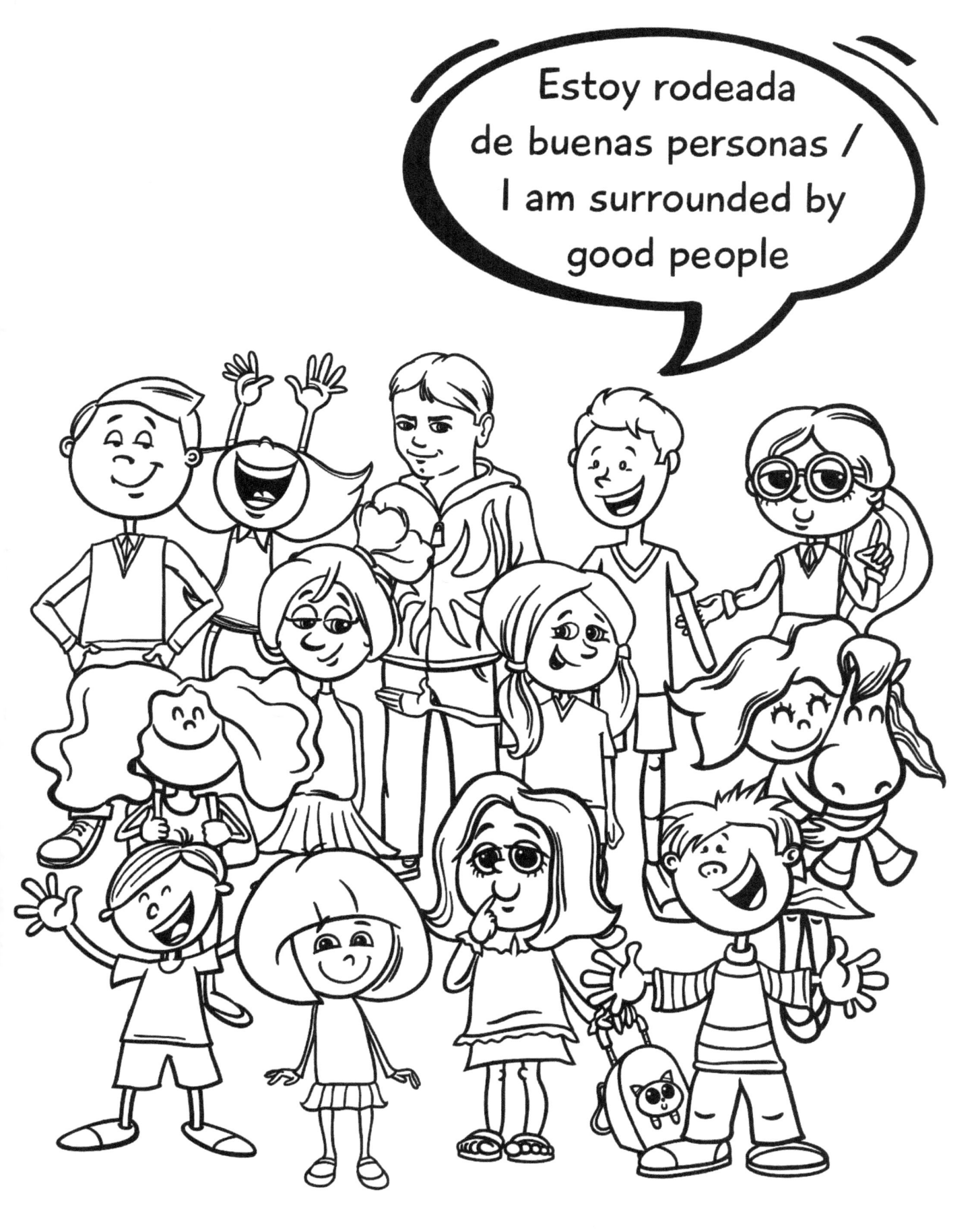

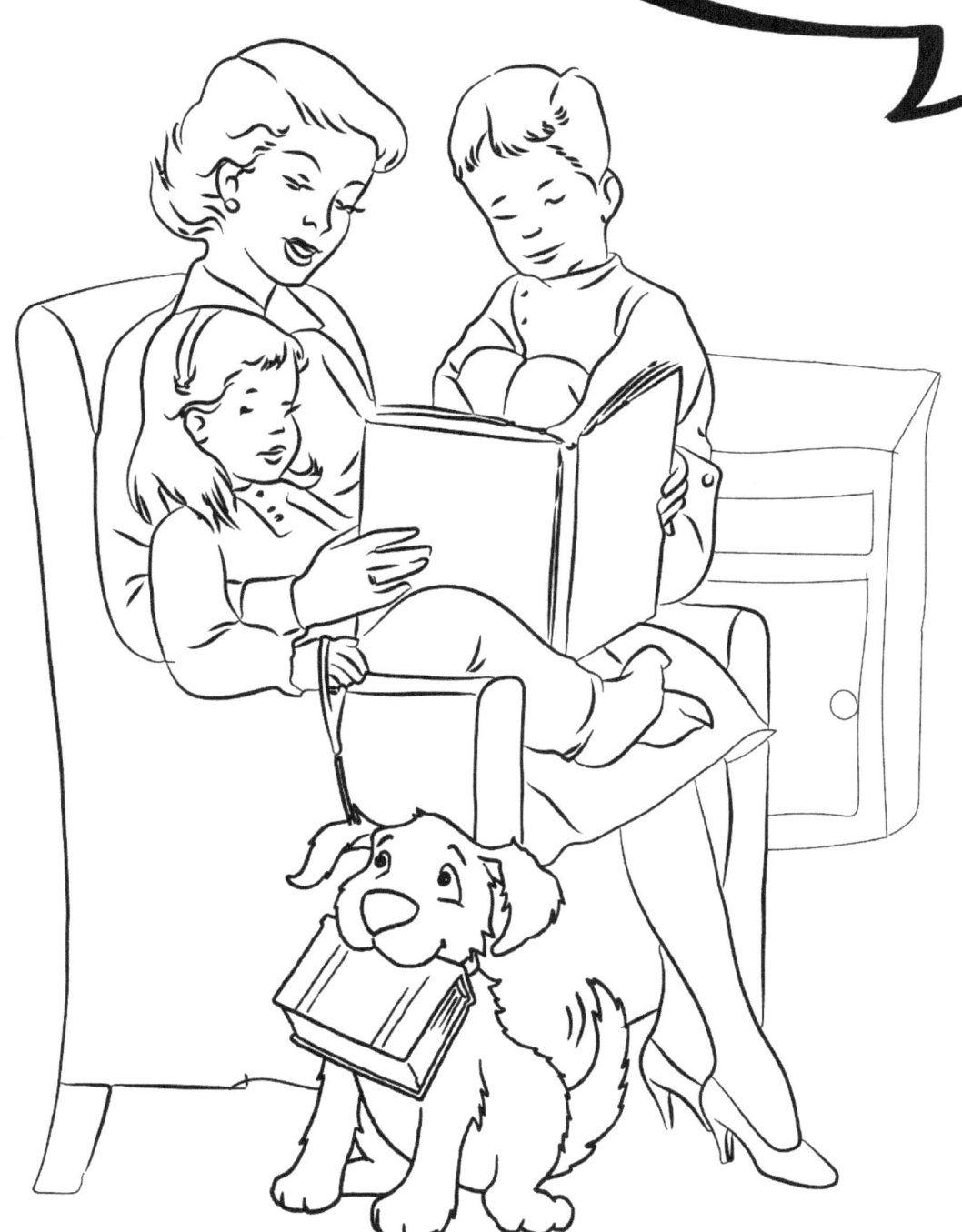

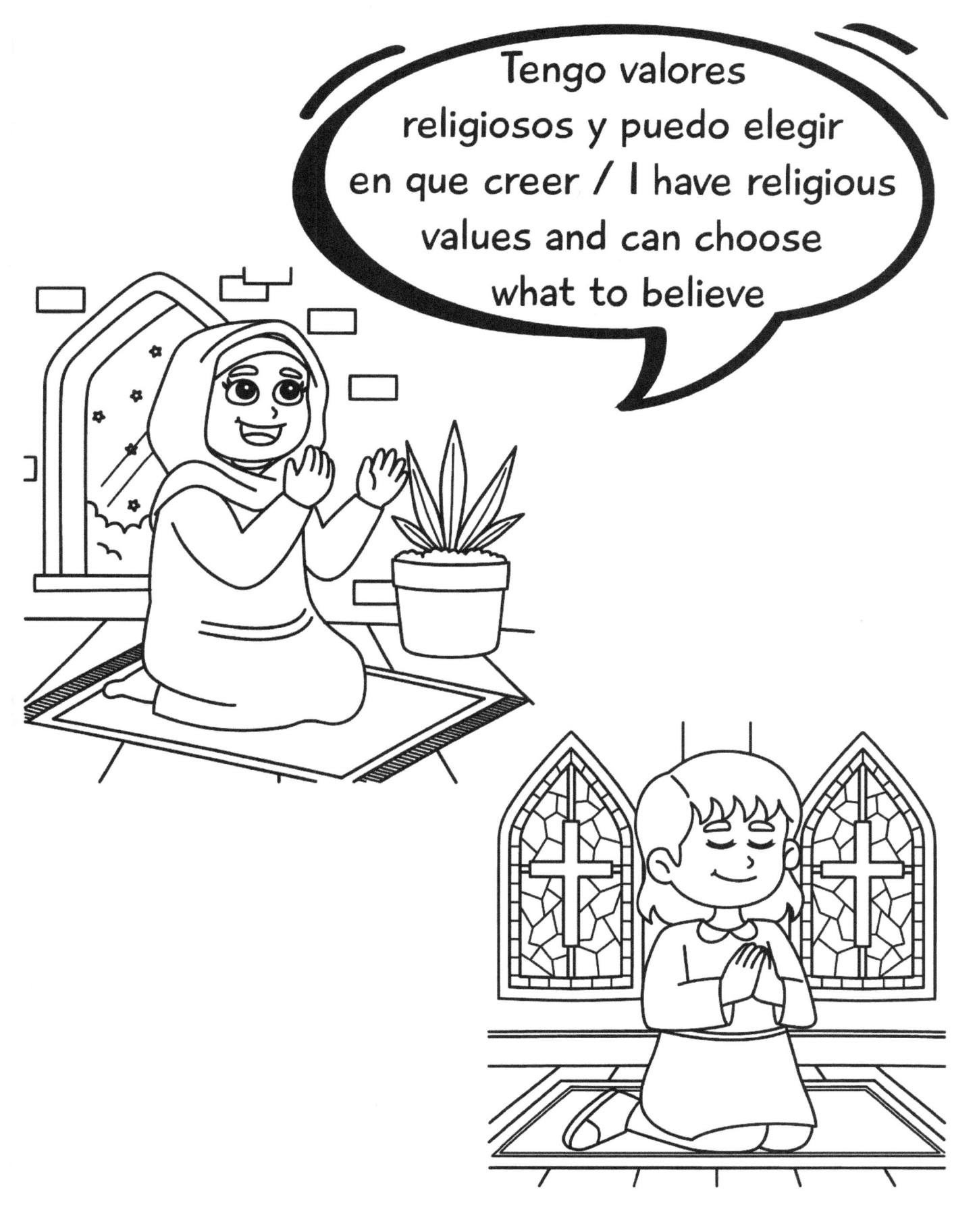

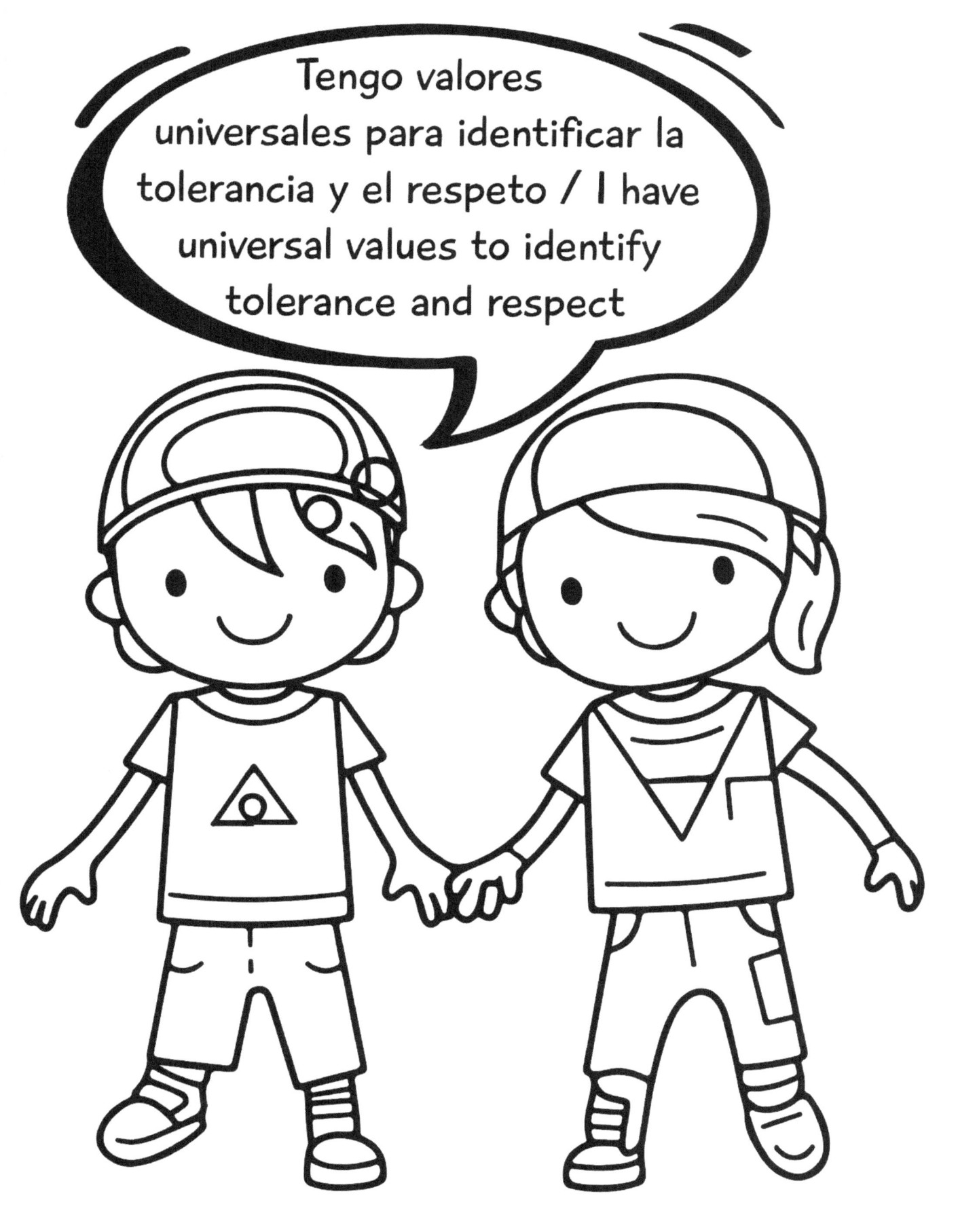

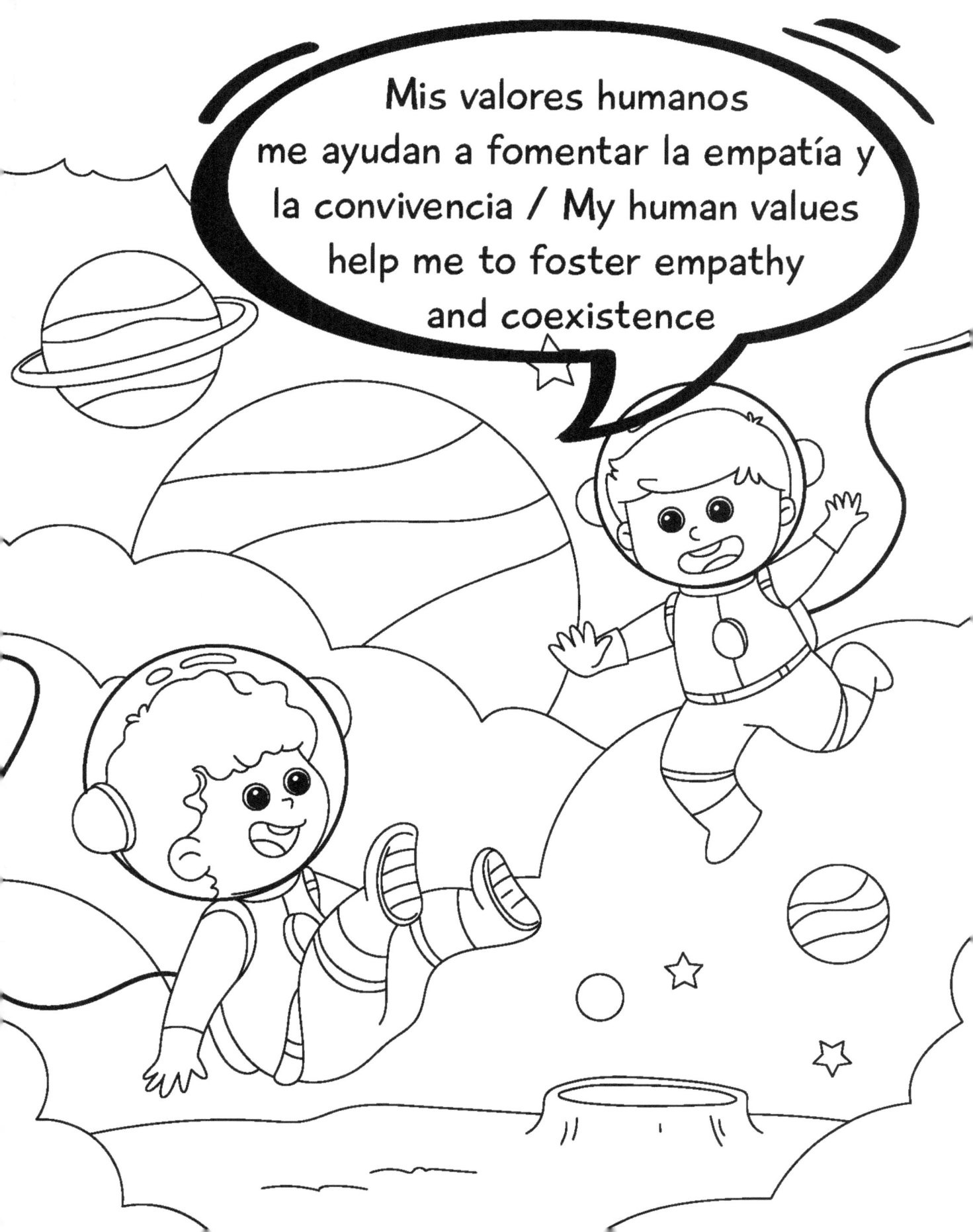

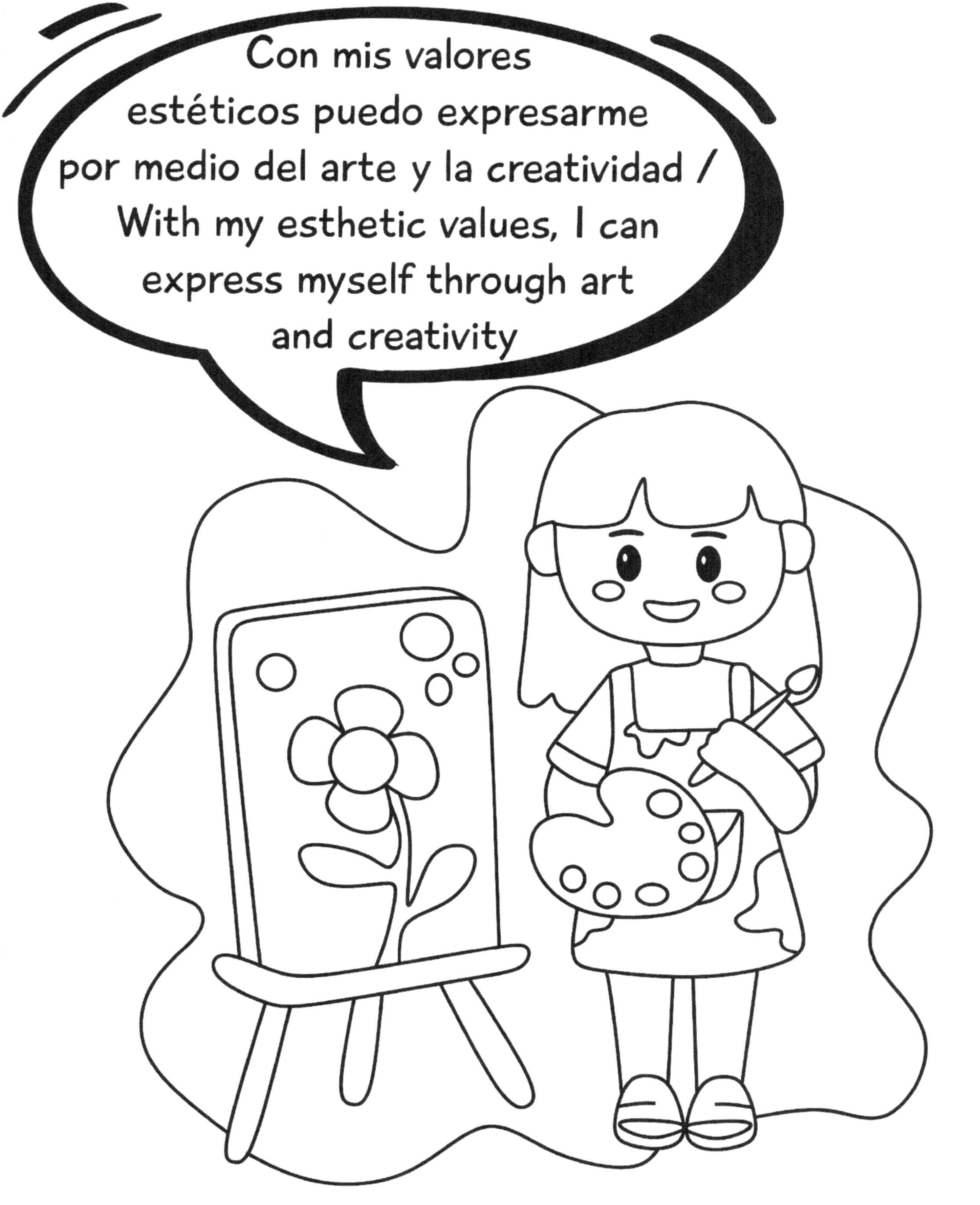

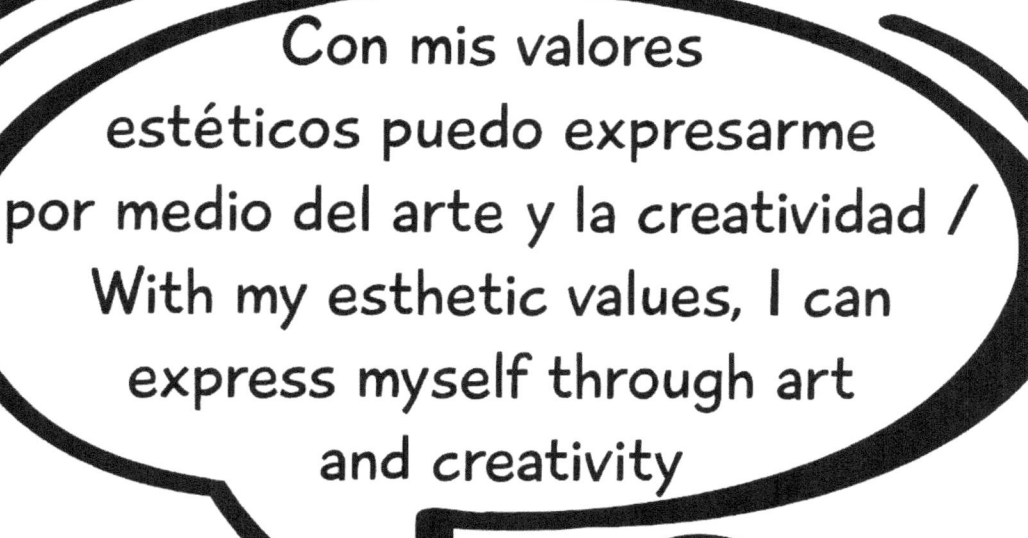

Con mis valores estéticos puedo expresarme por medio del arte y la creatividad / With my esthetic values, I can express myself through art and creativity

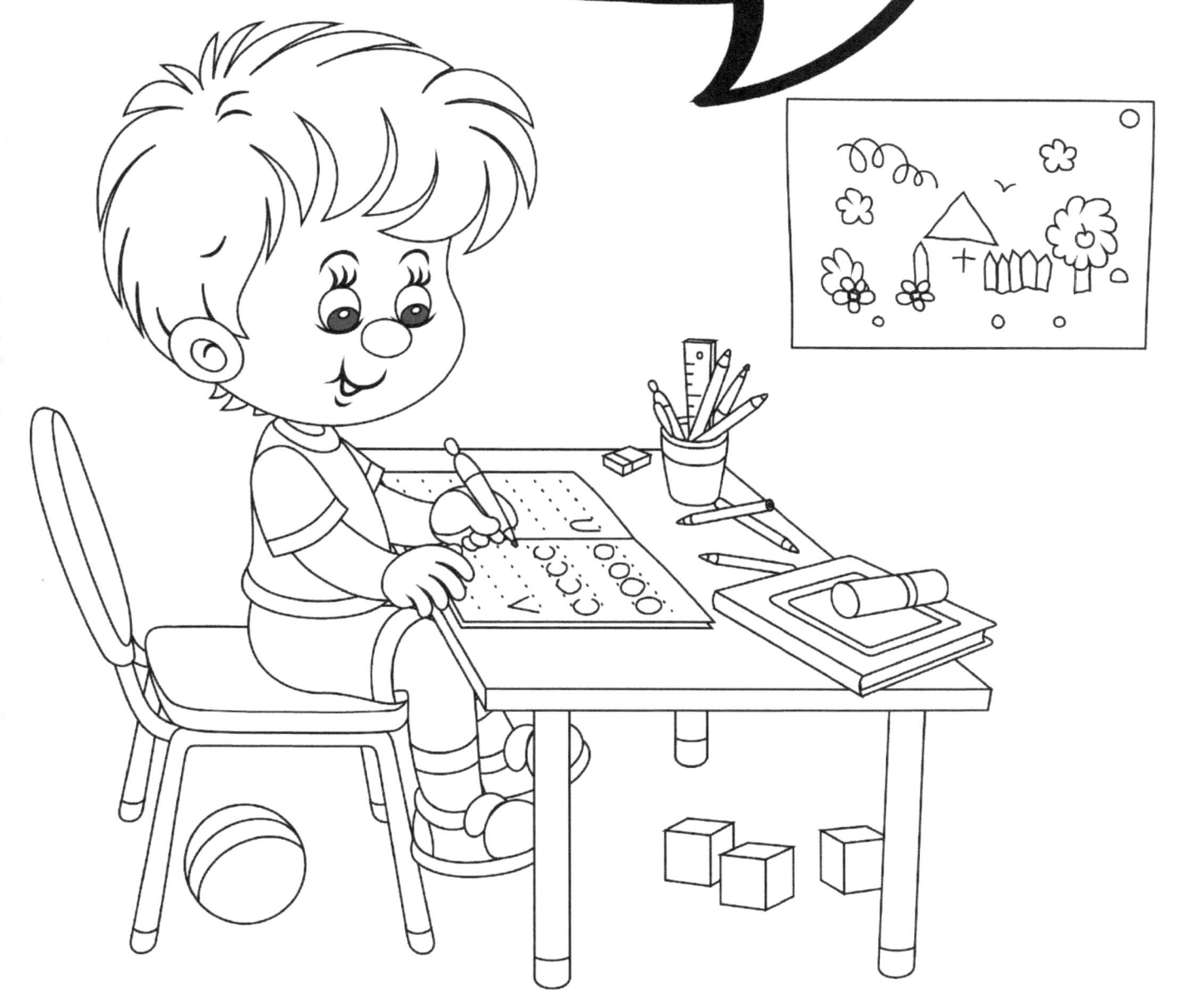

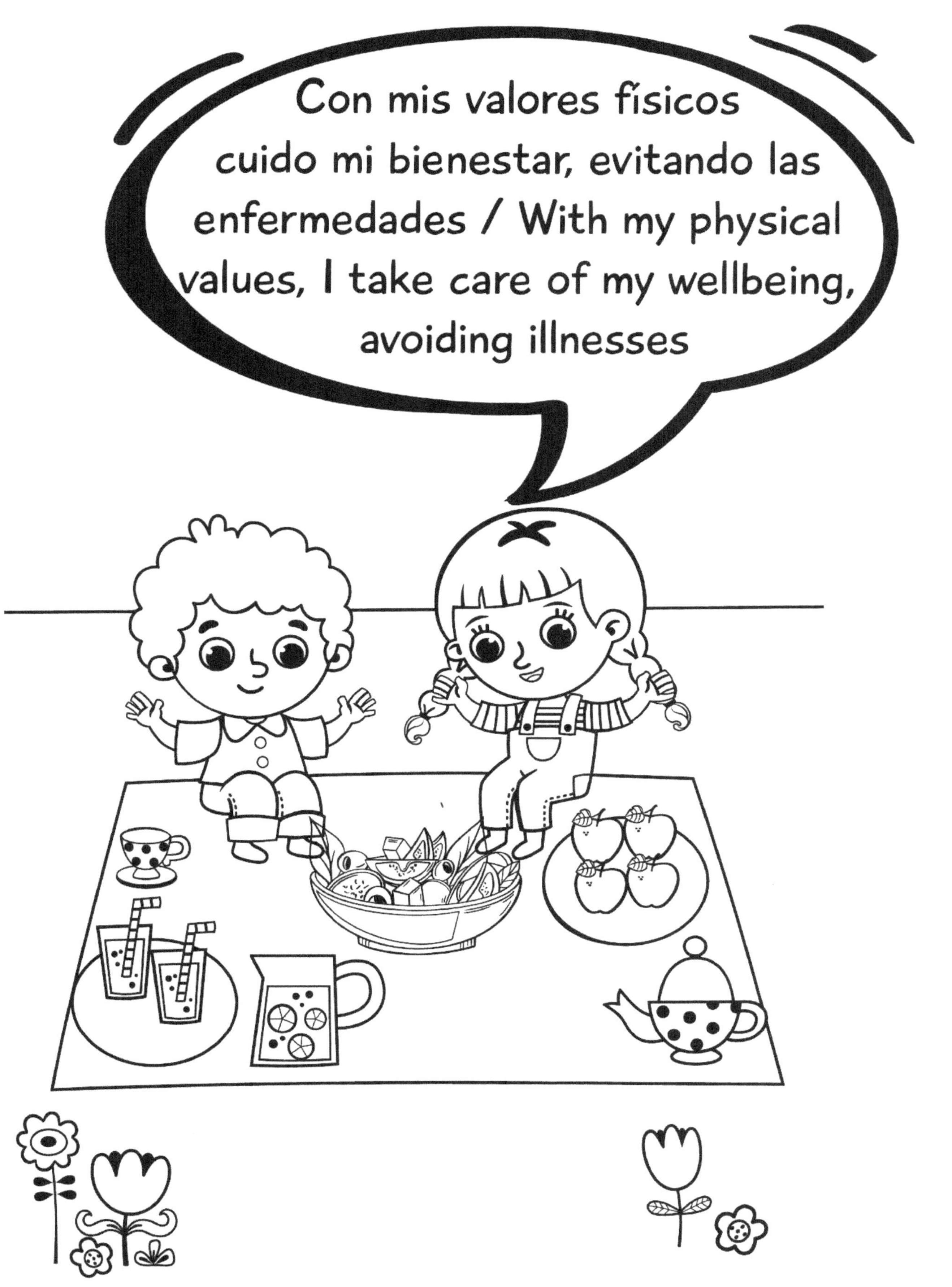

Con mis valores físicos cuido mi bienestar, evitando las enfermedades / With my physical values, I take care of my wellbeing, avoiding illnesses

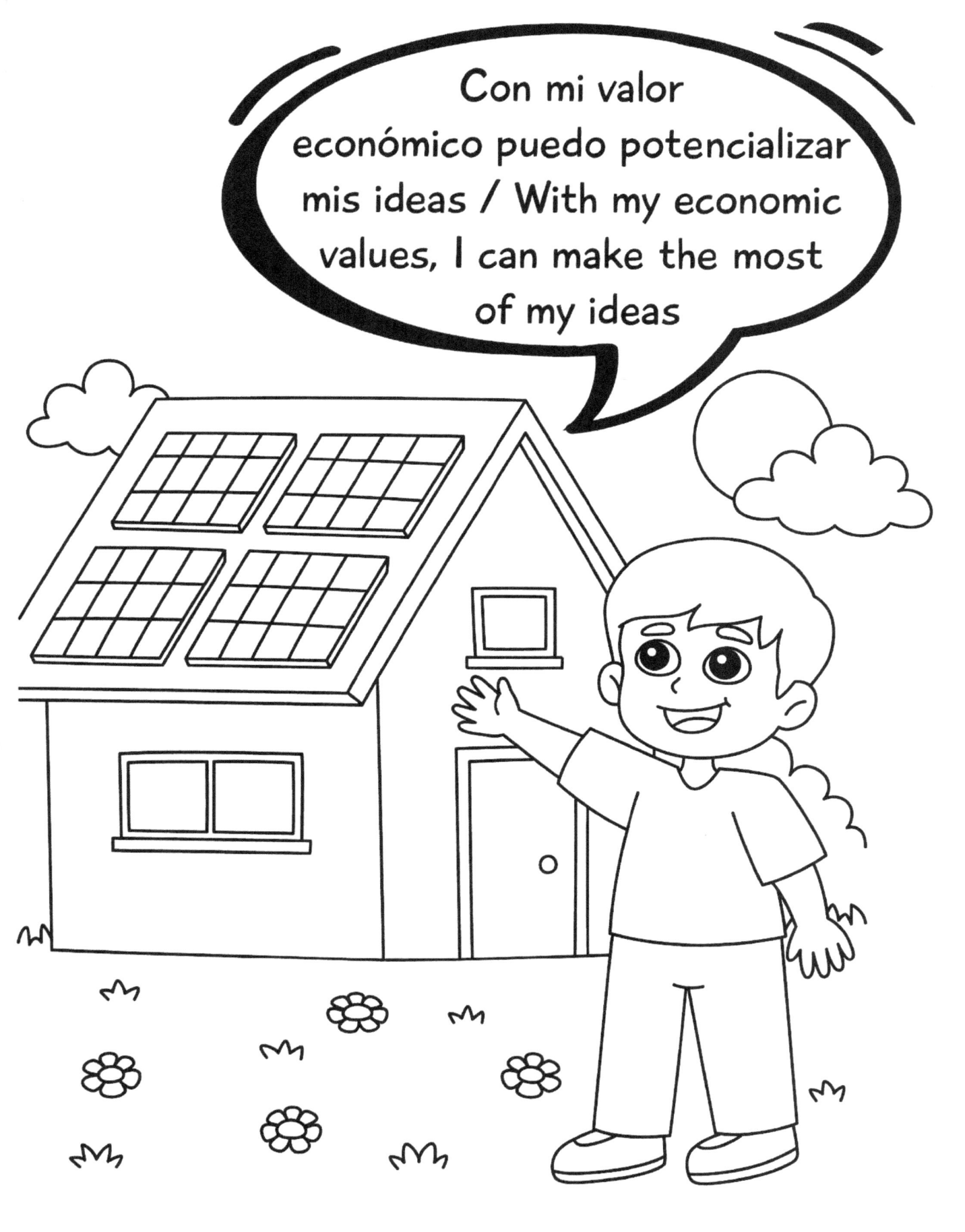

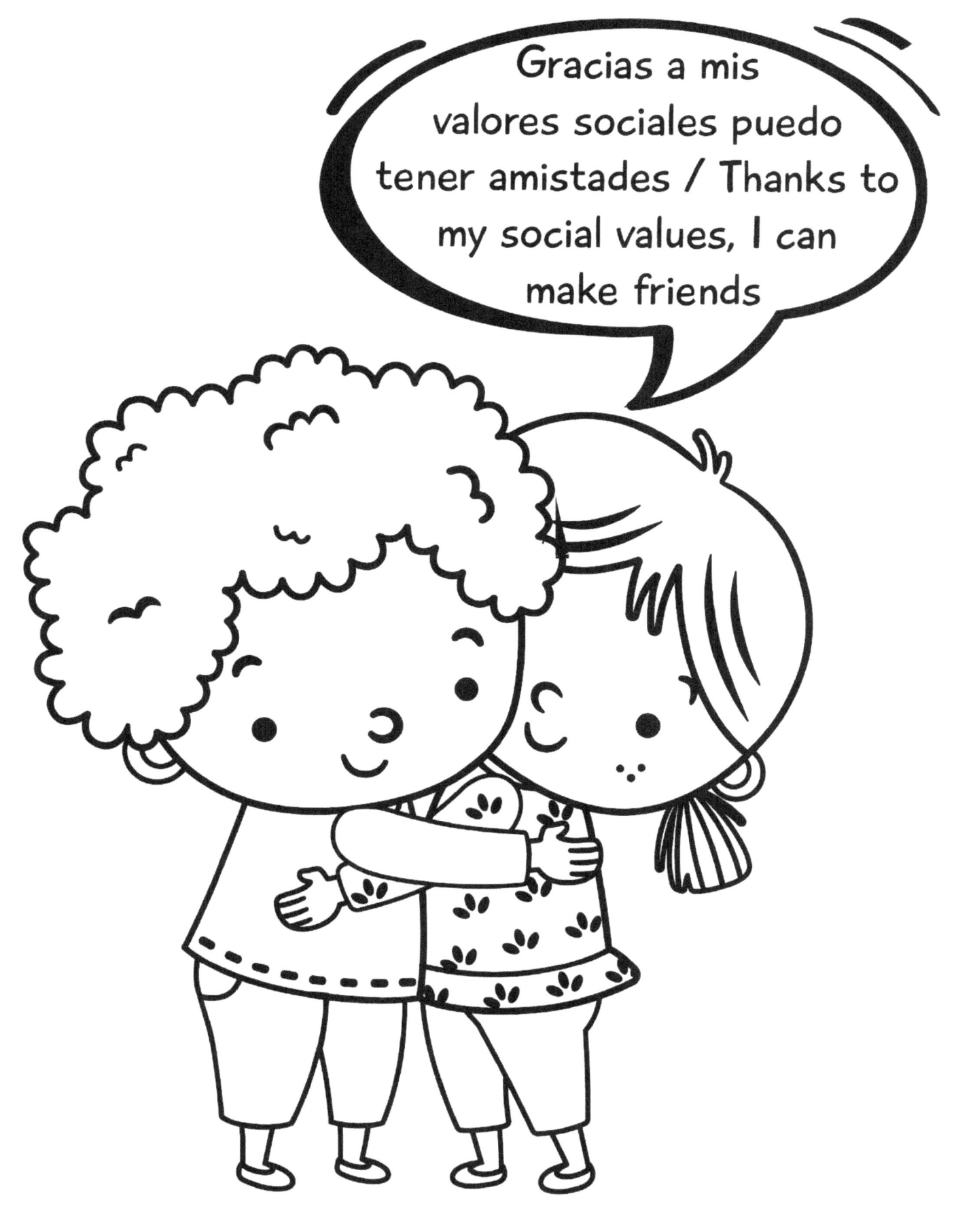

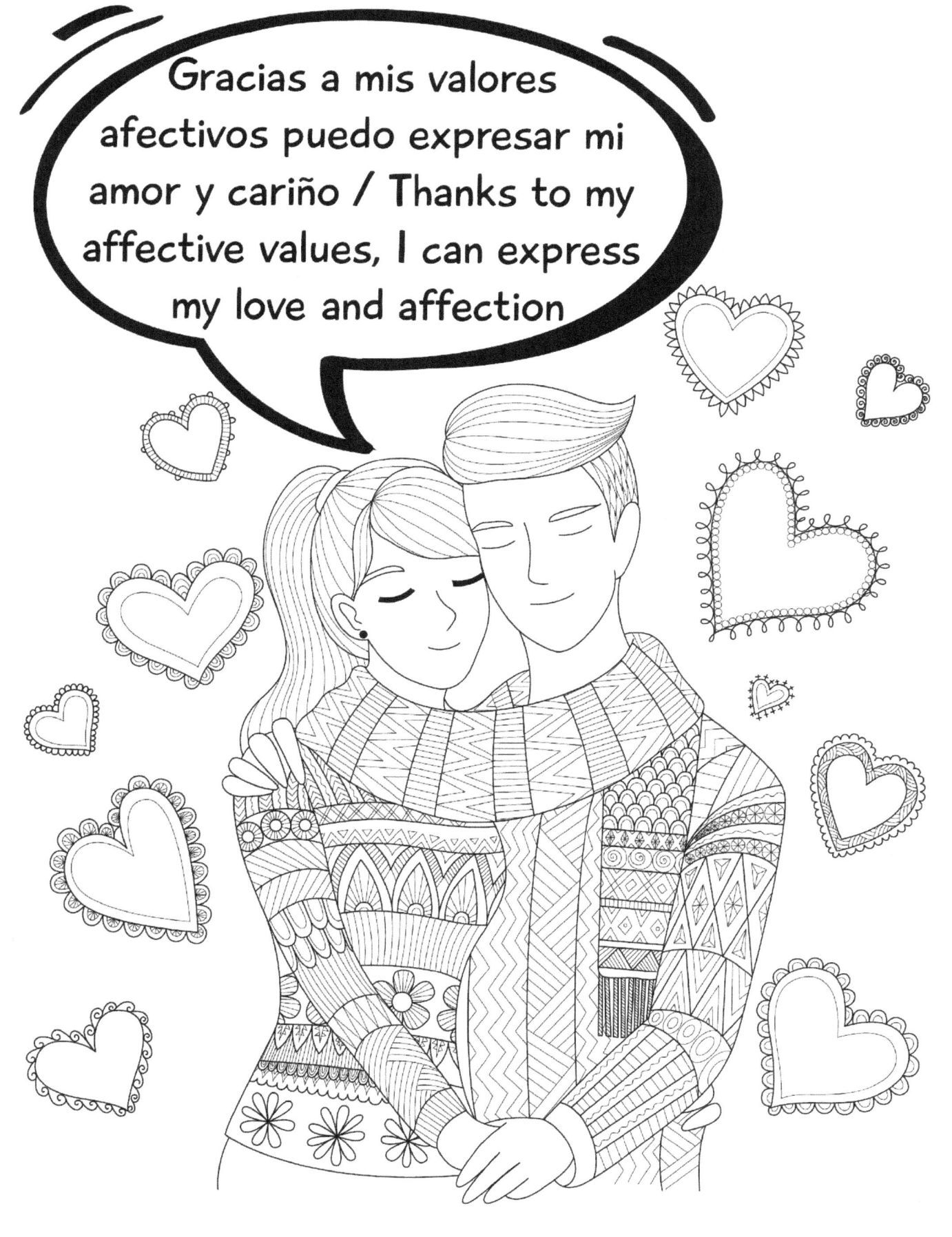

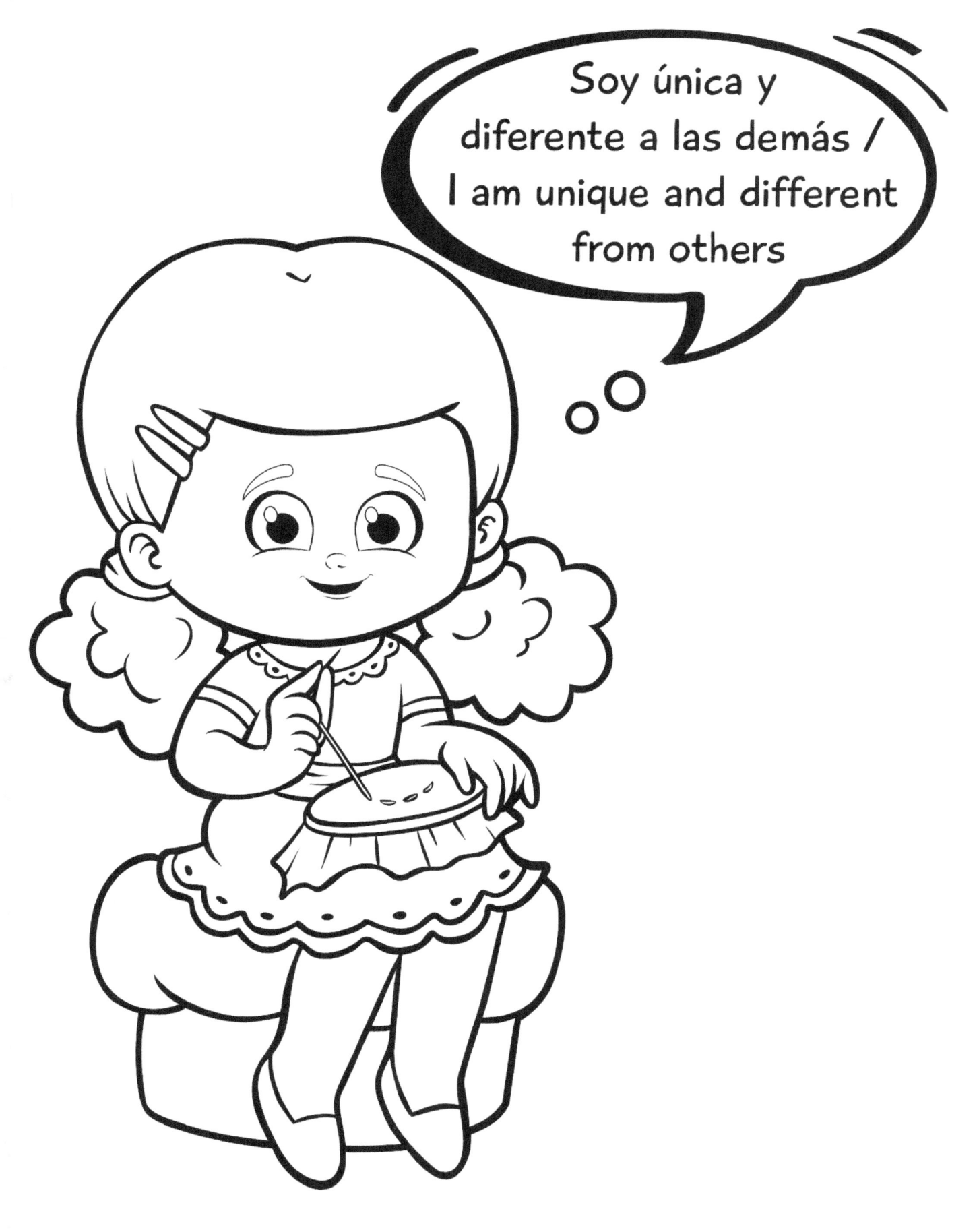

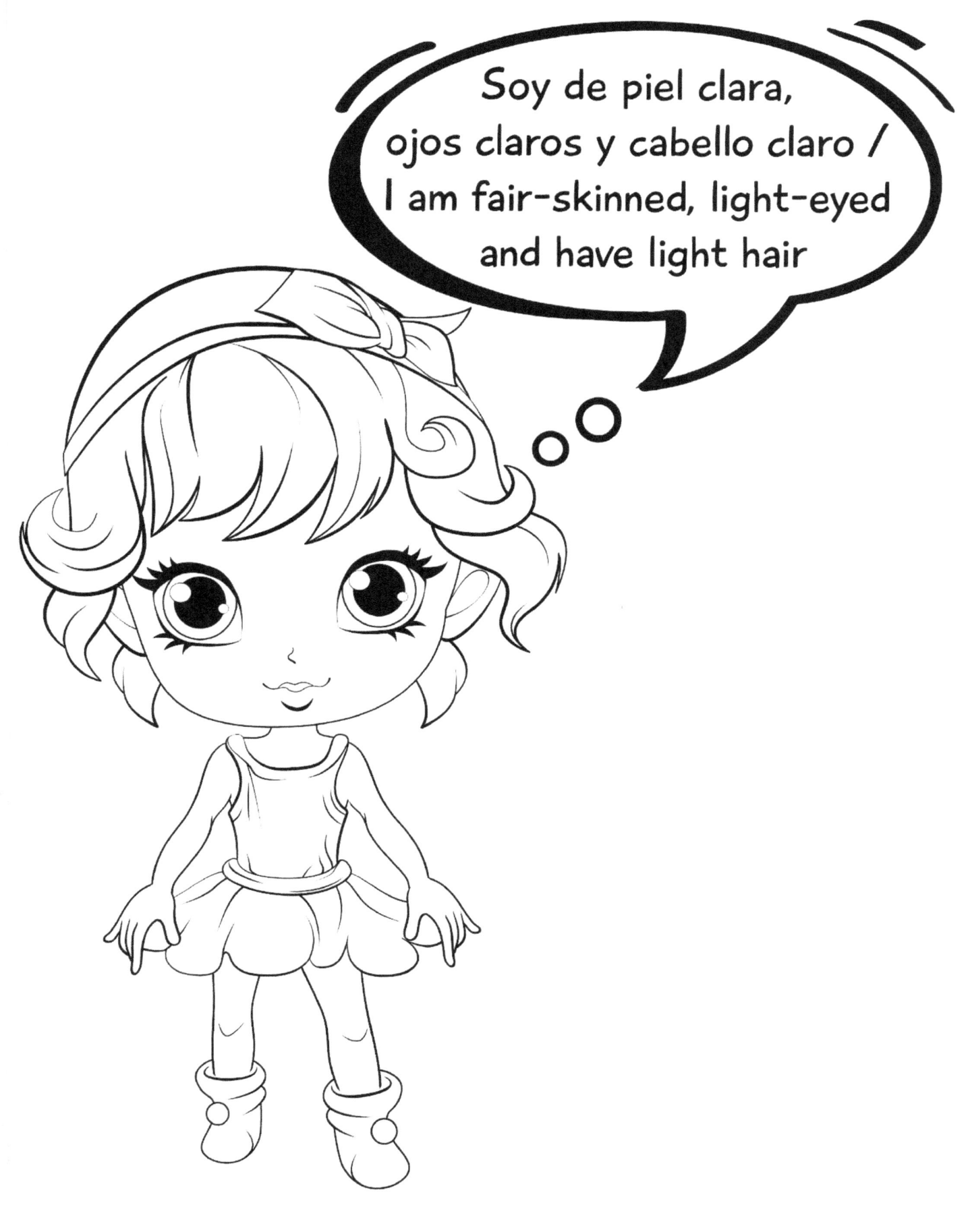

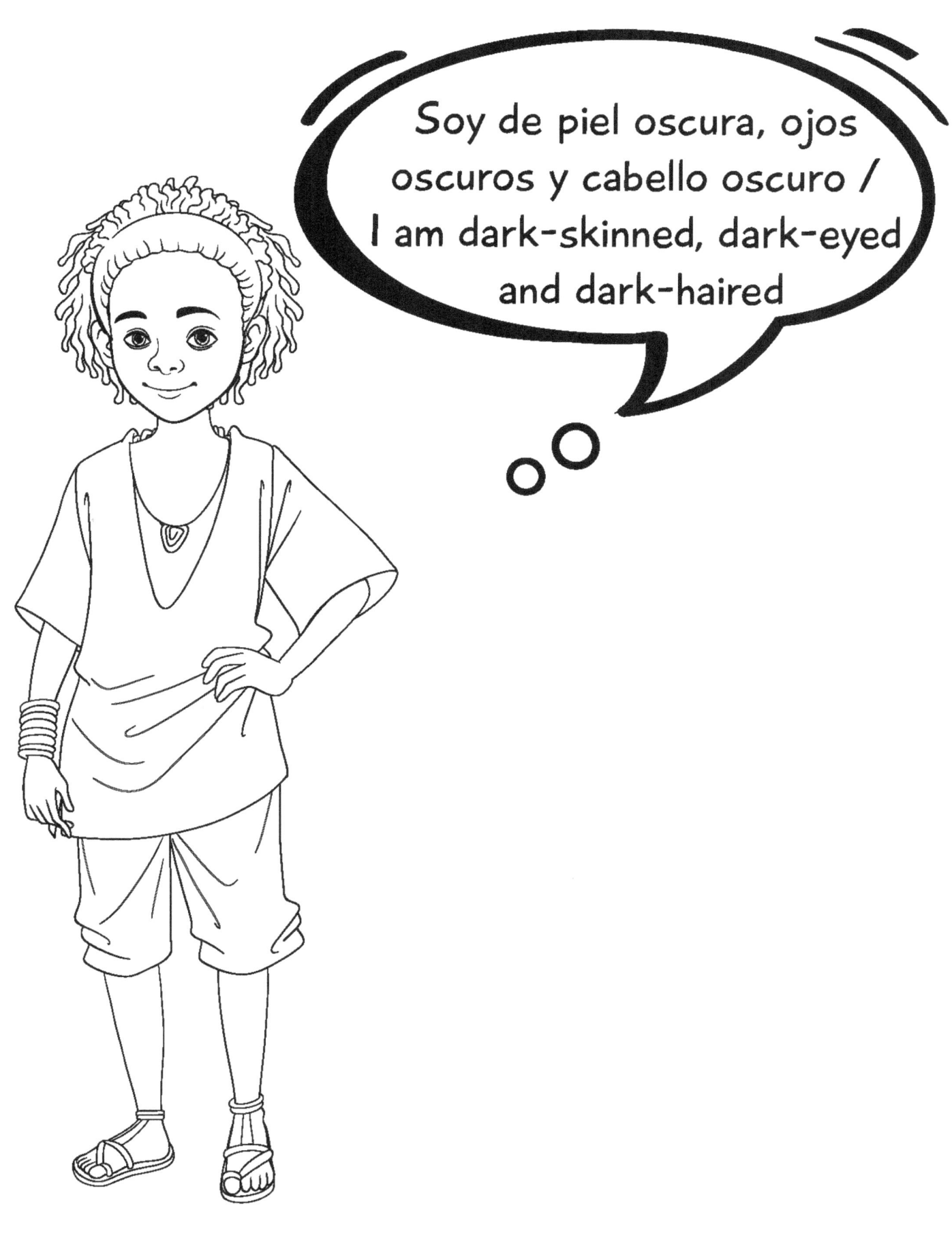

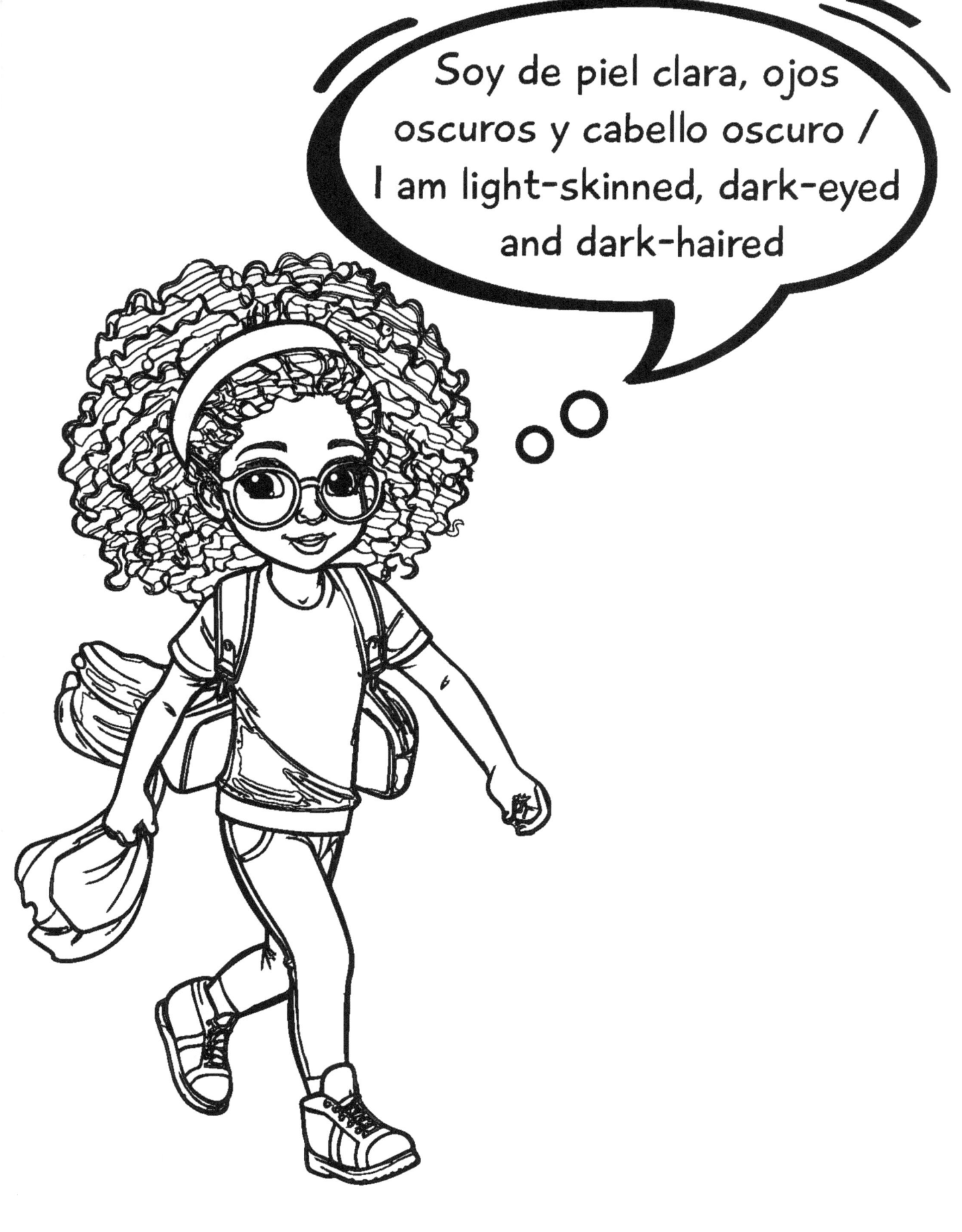

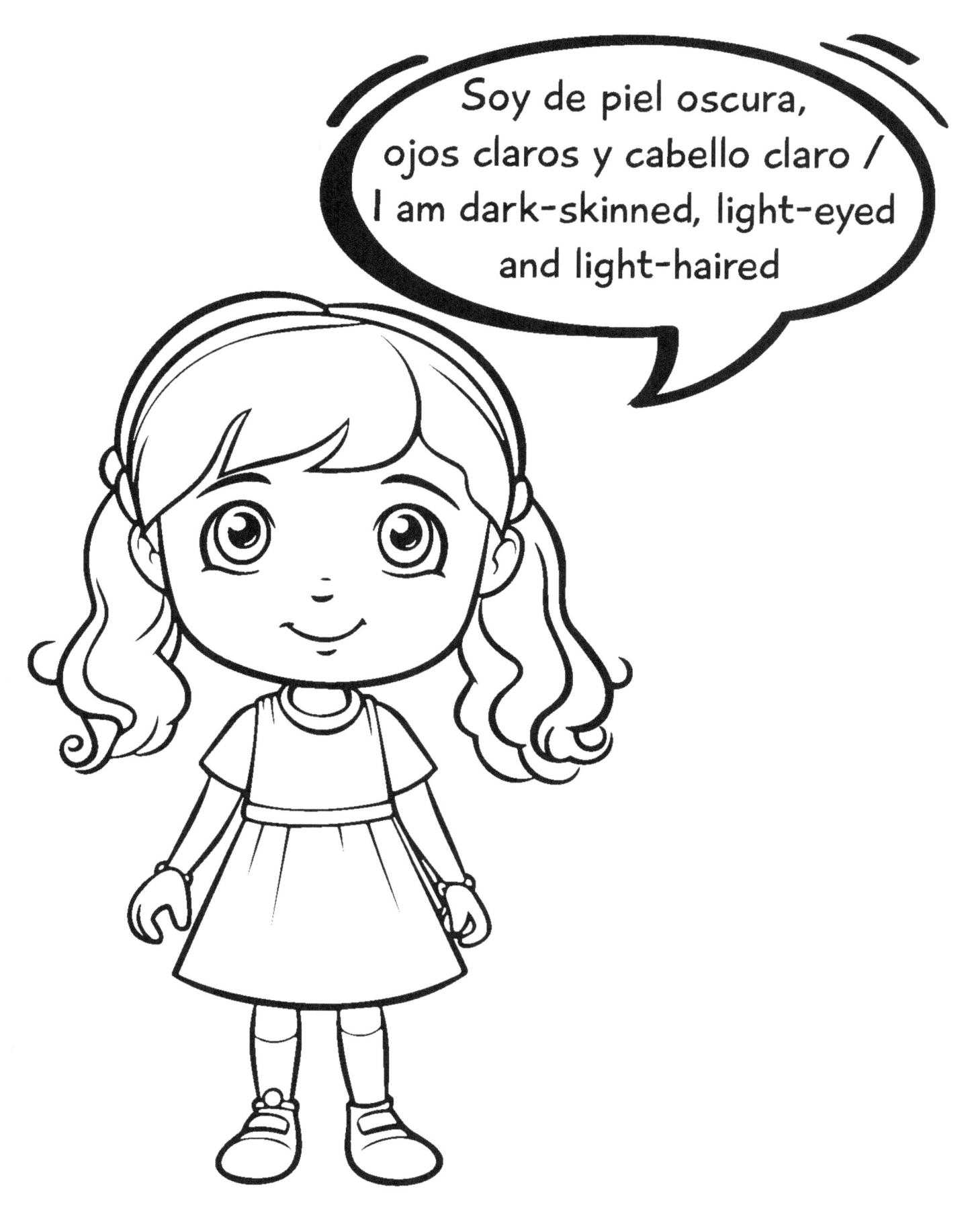

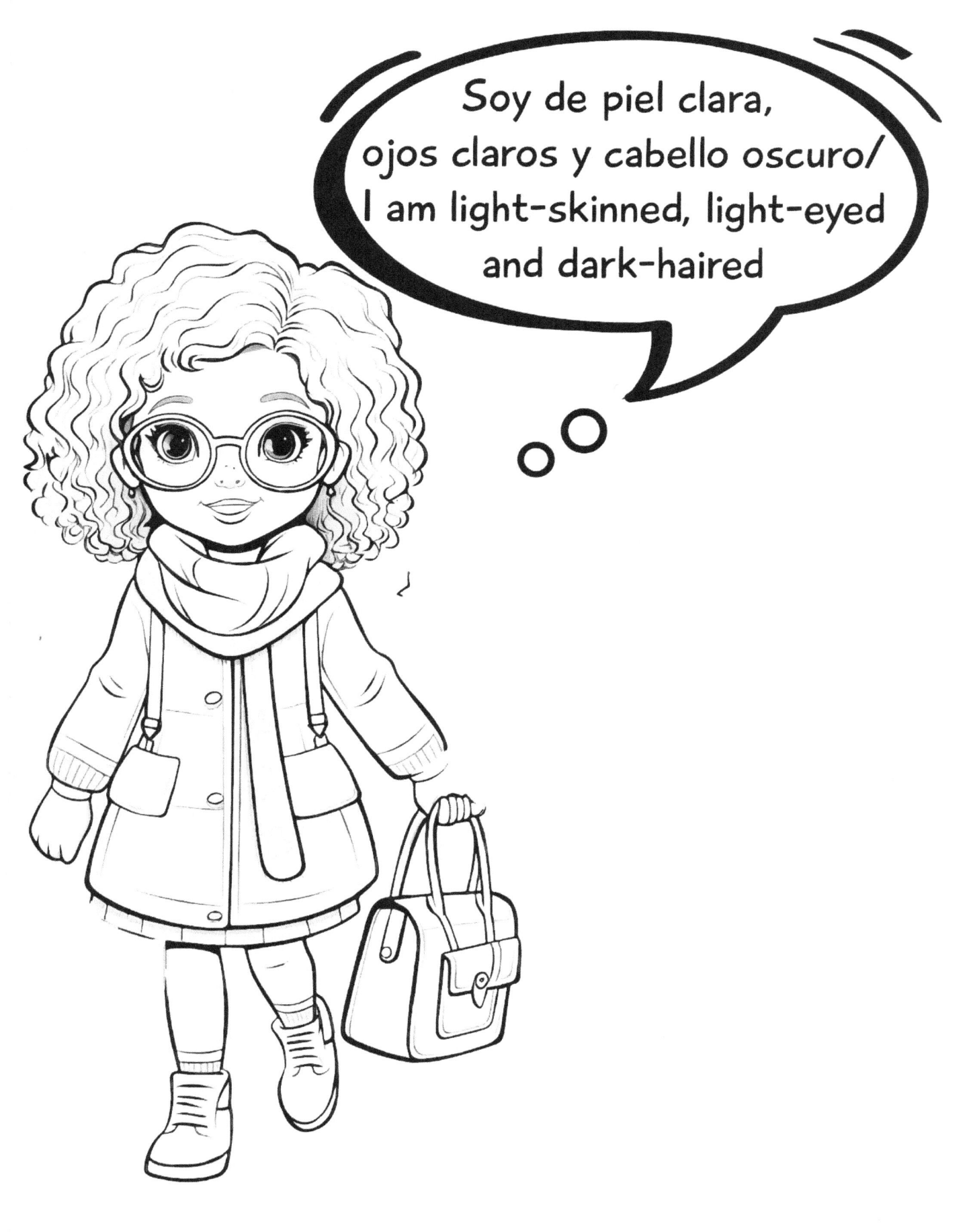

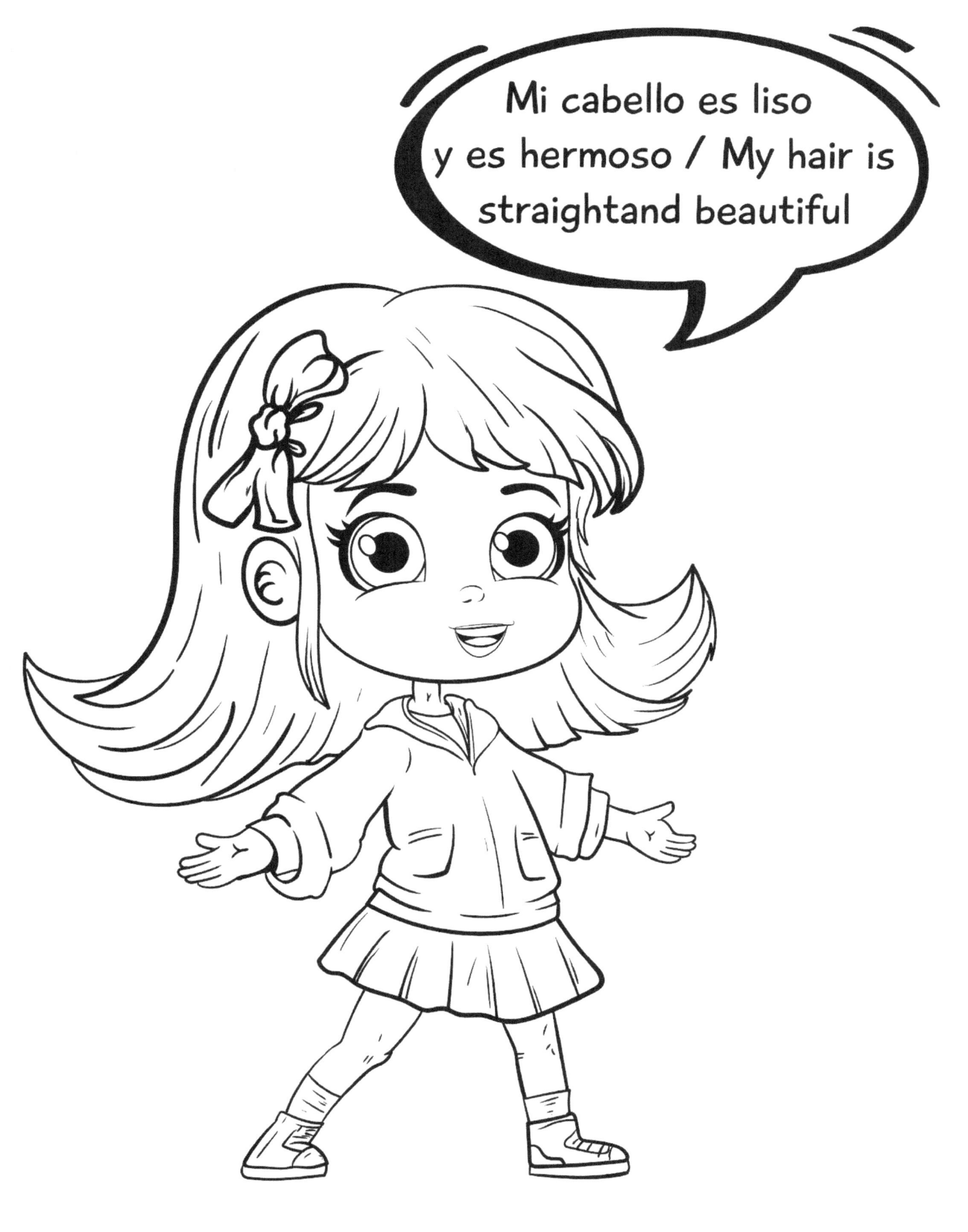

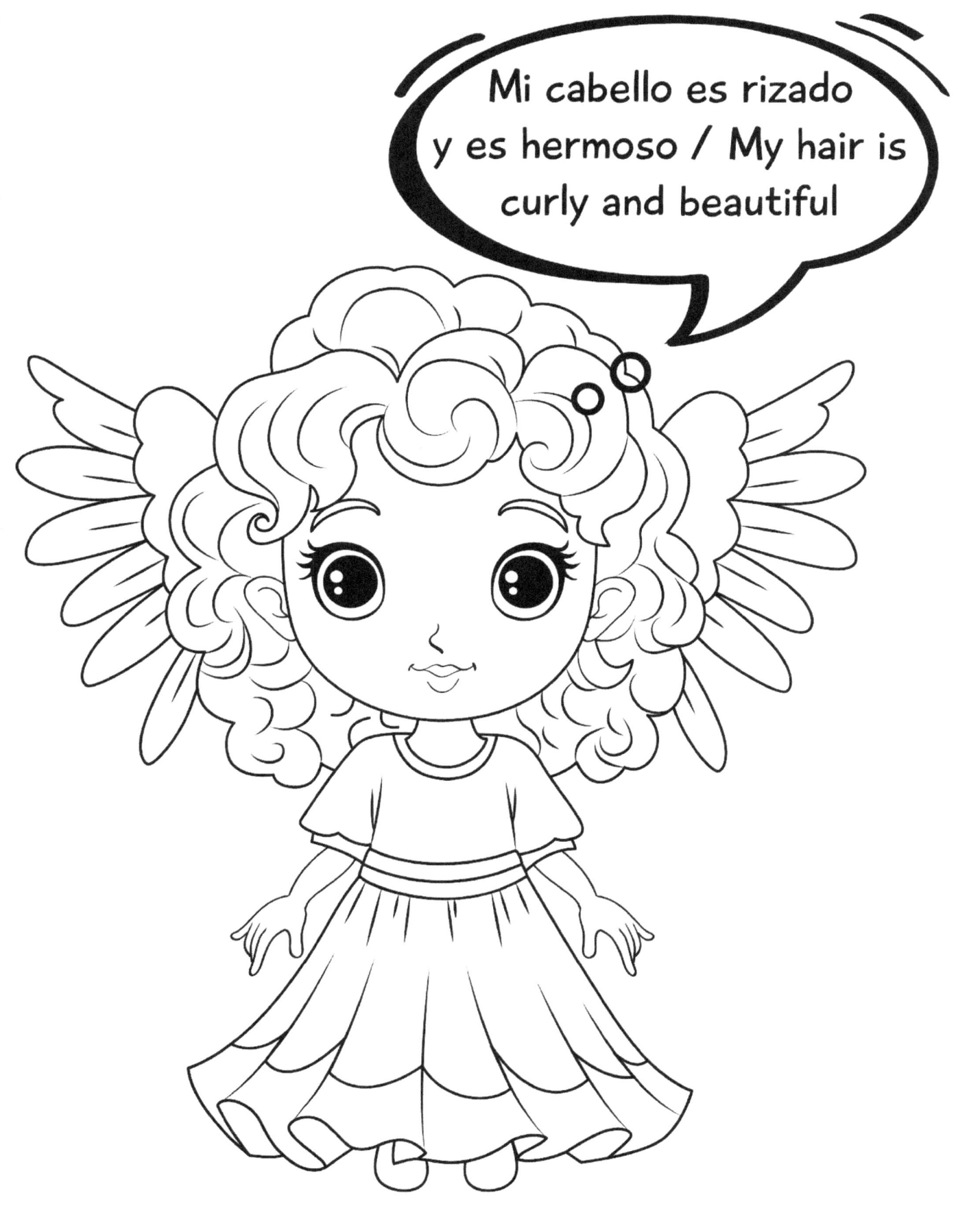

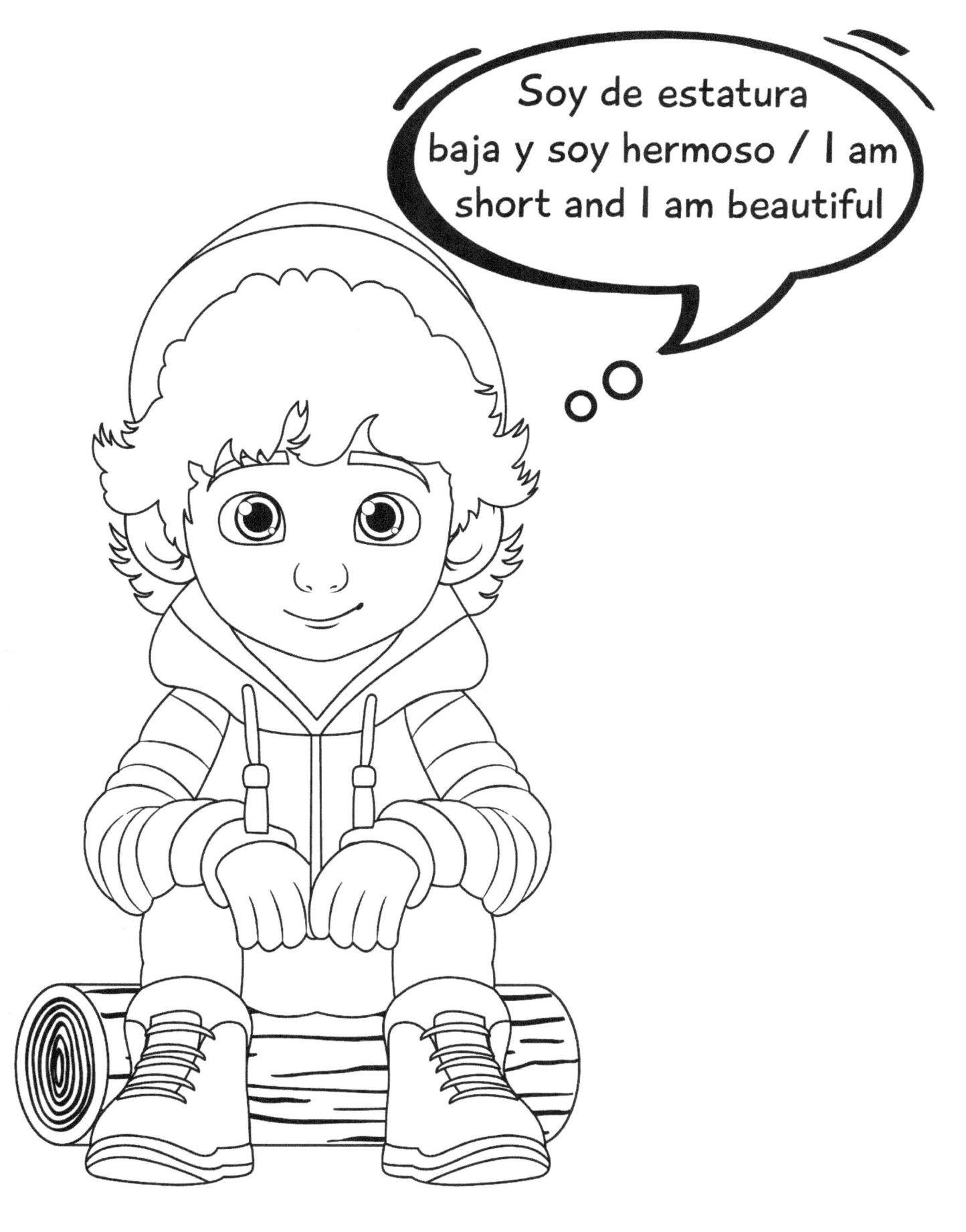

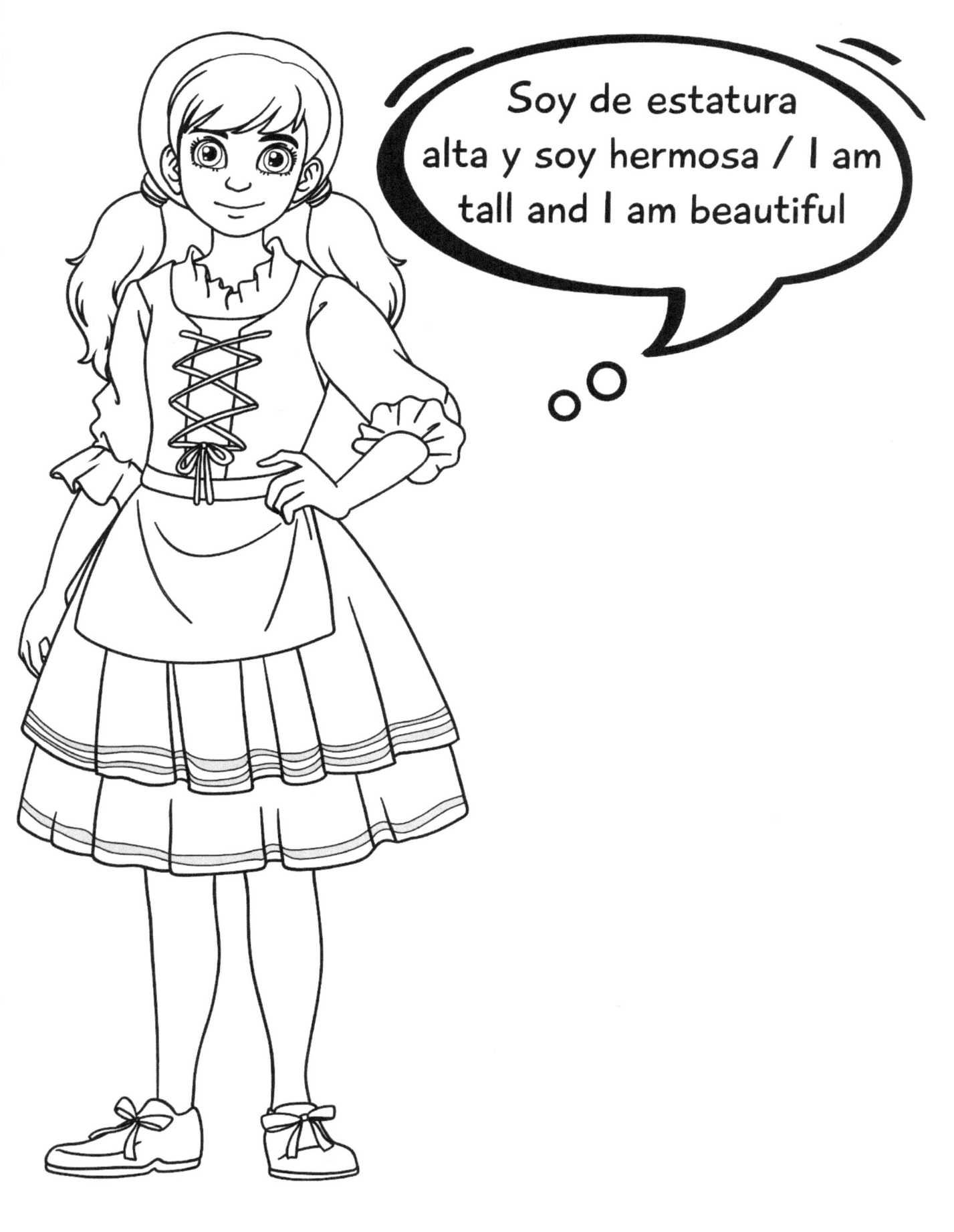

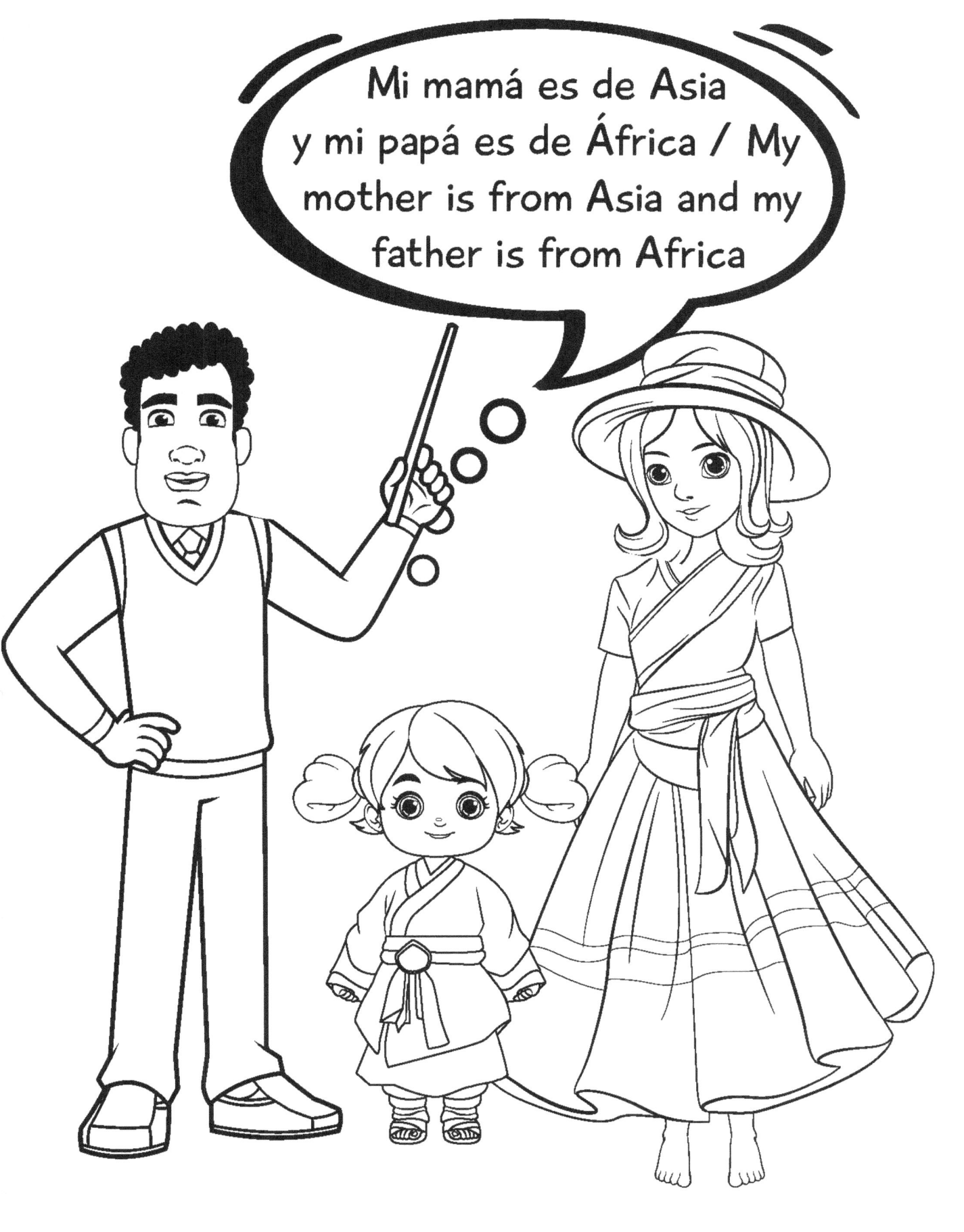

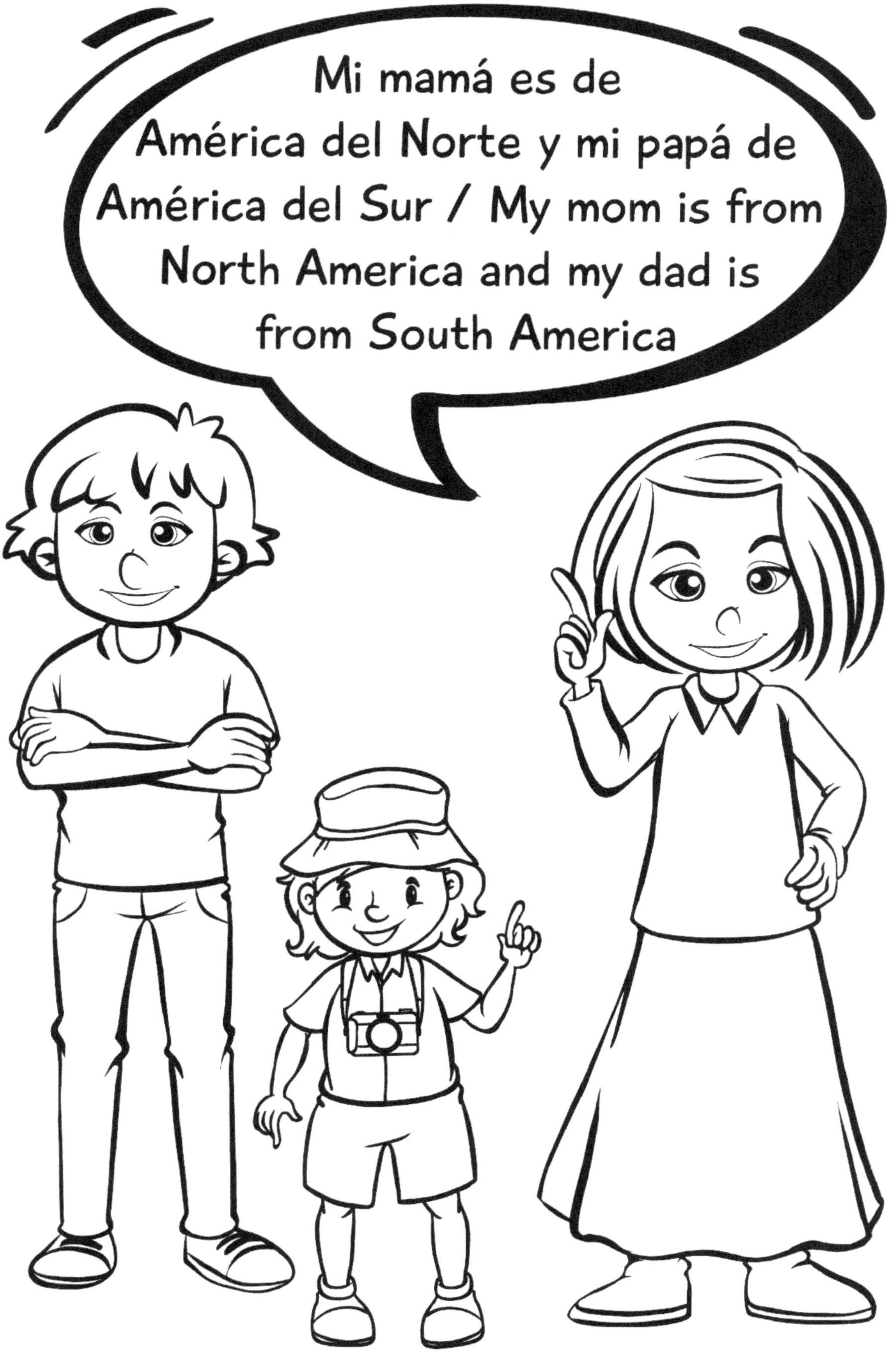

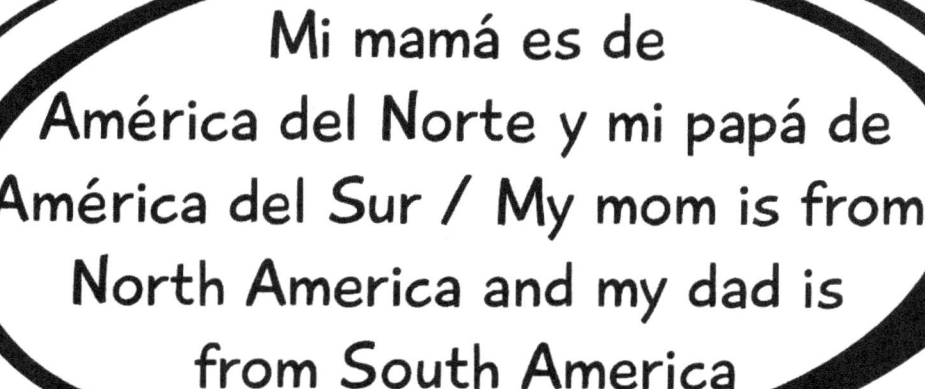

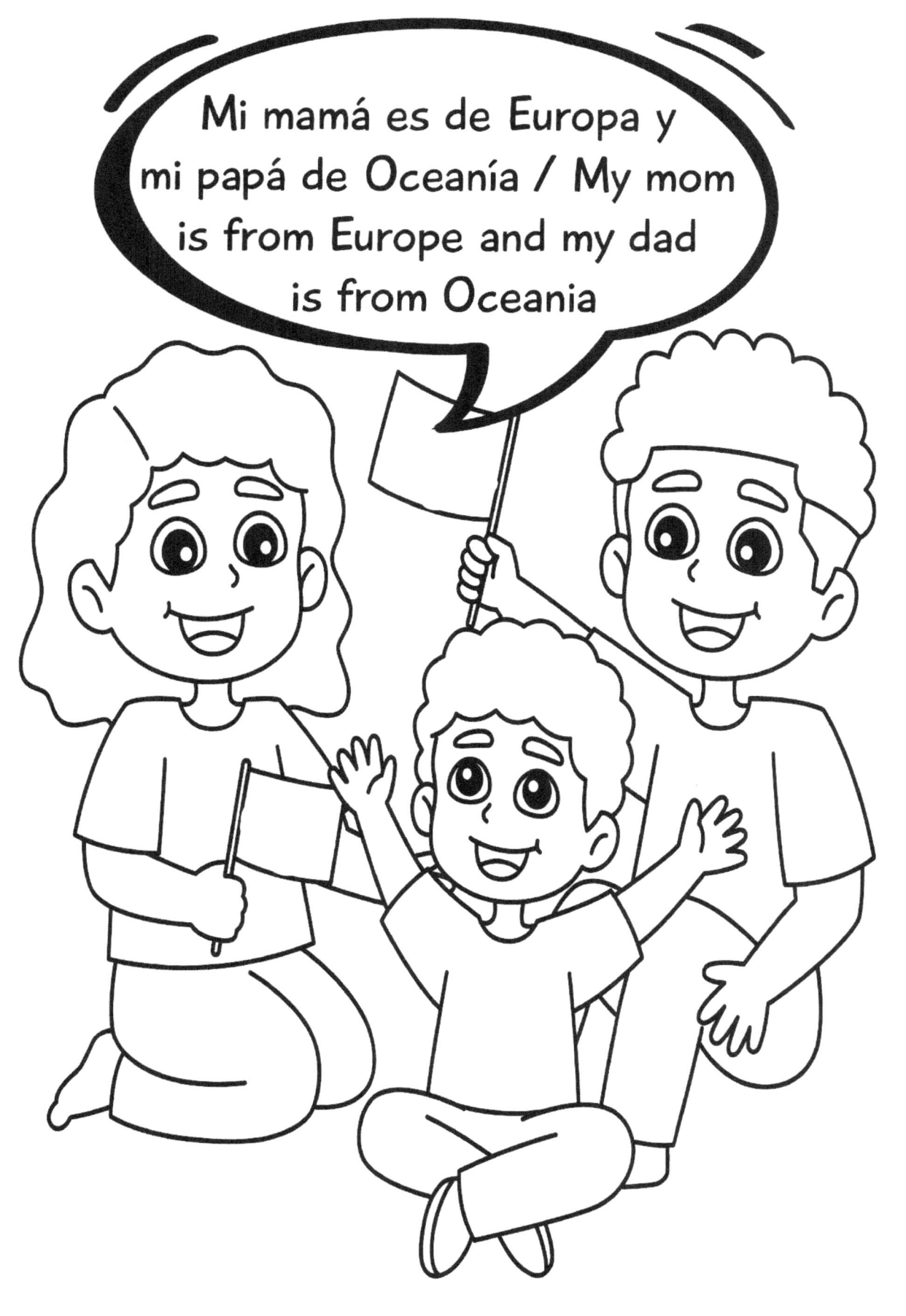

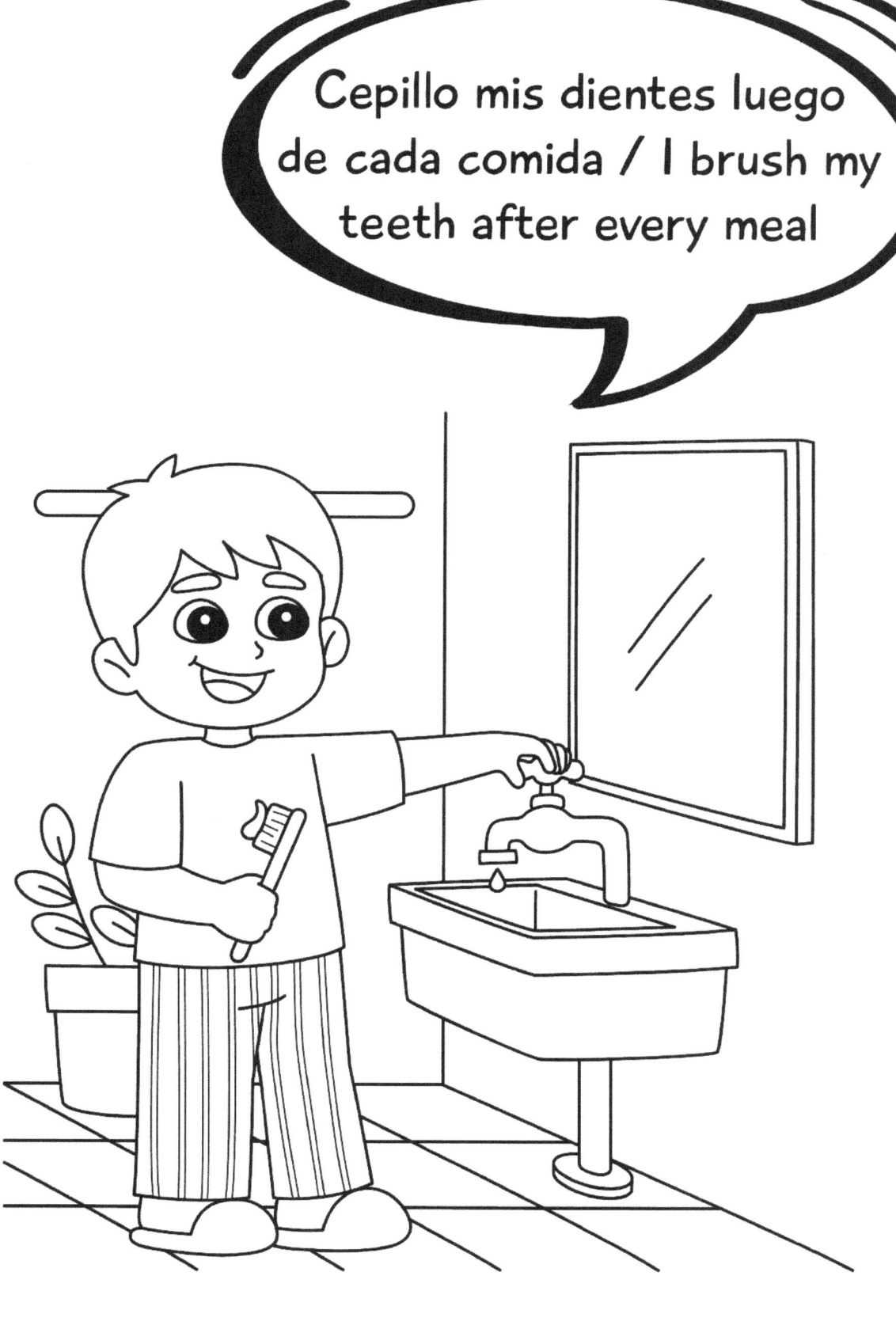

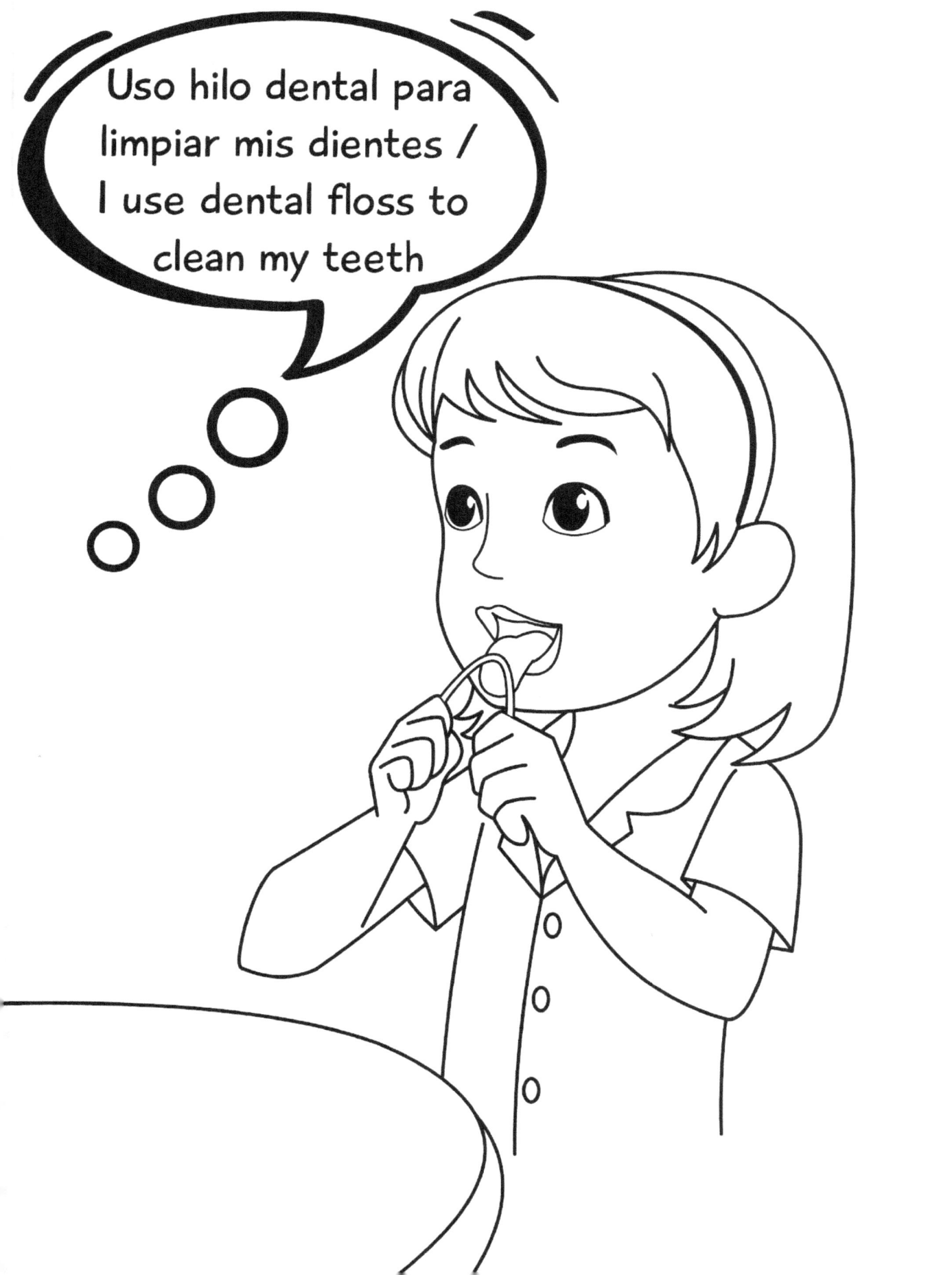

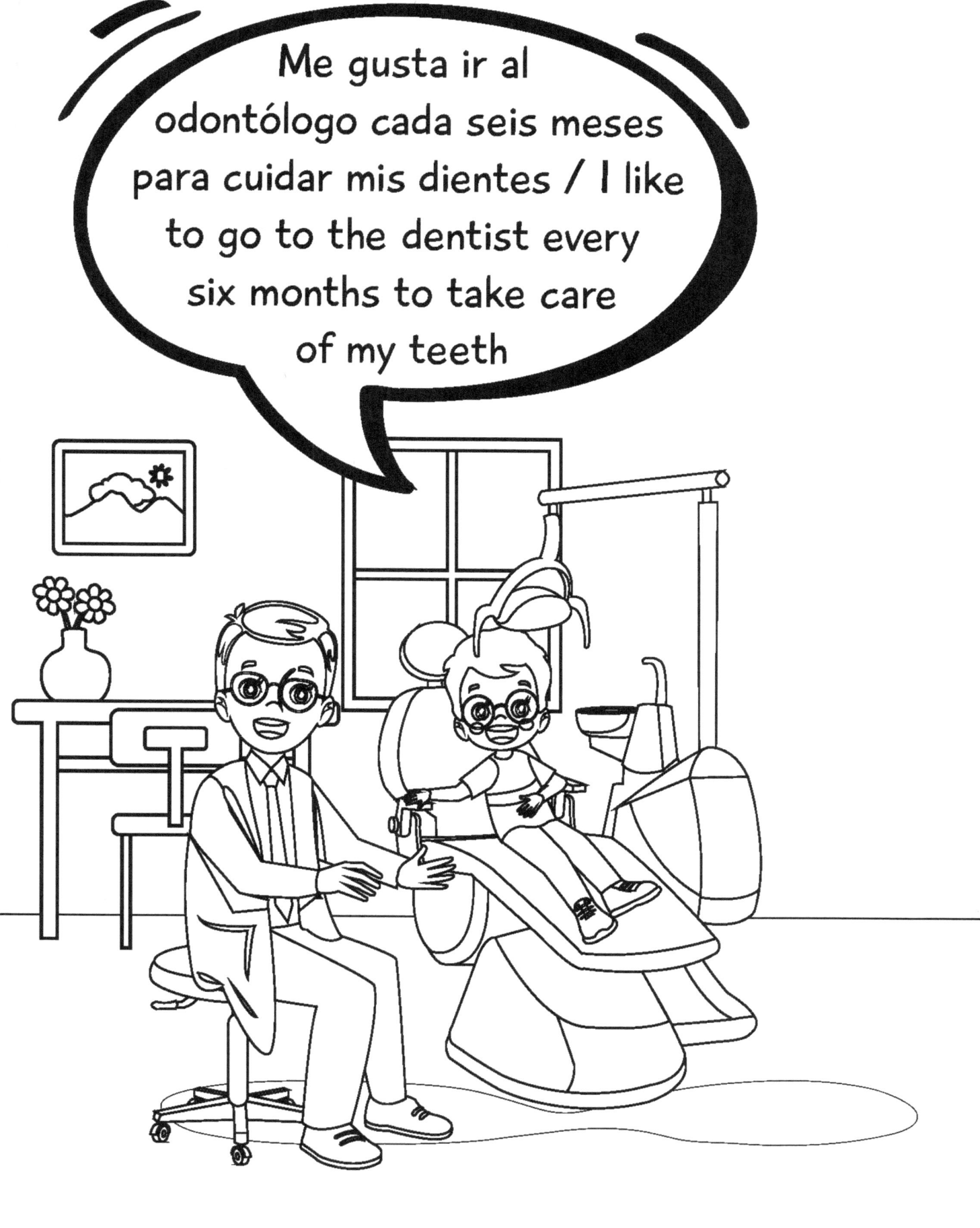

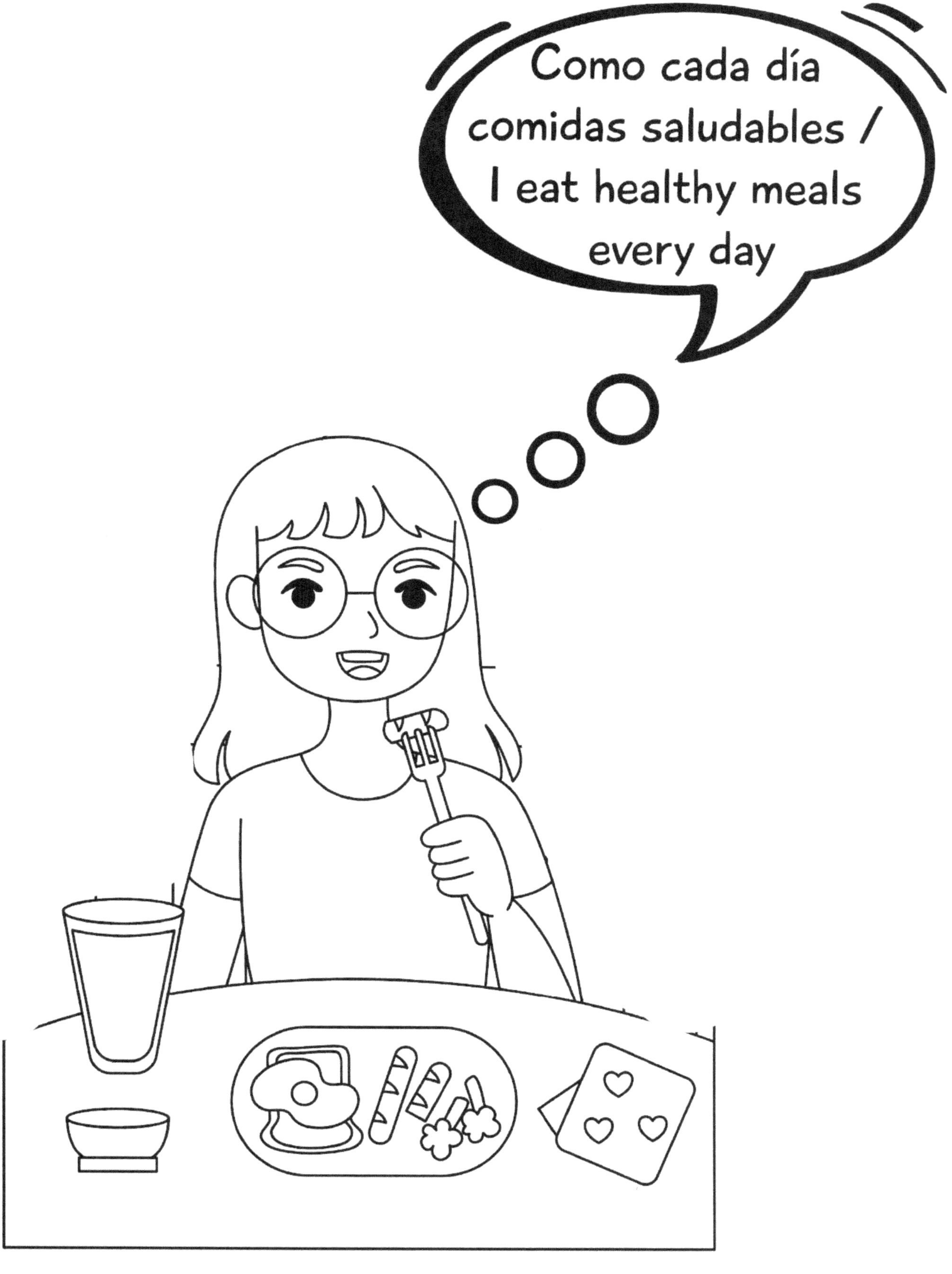

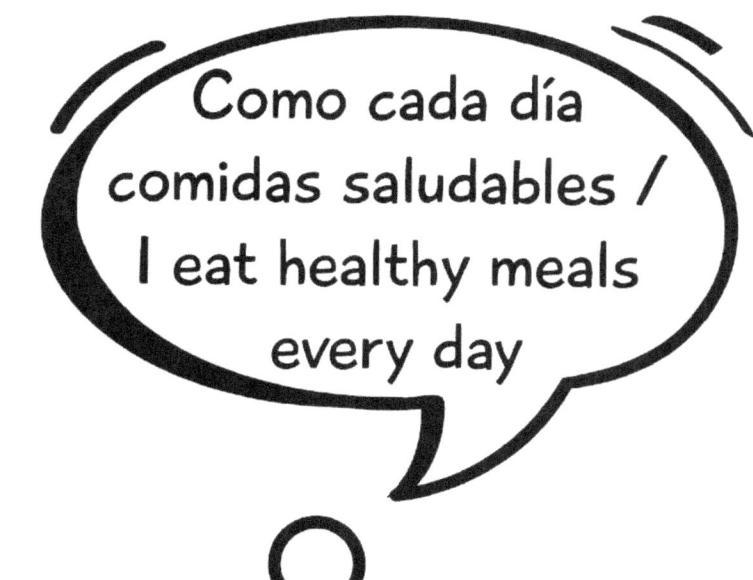

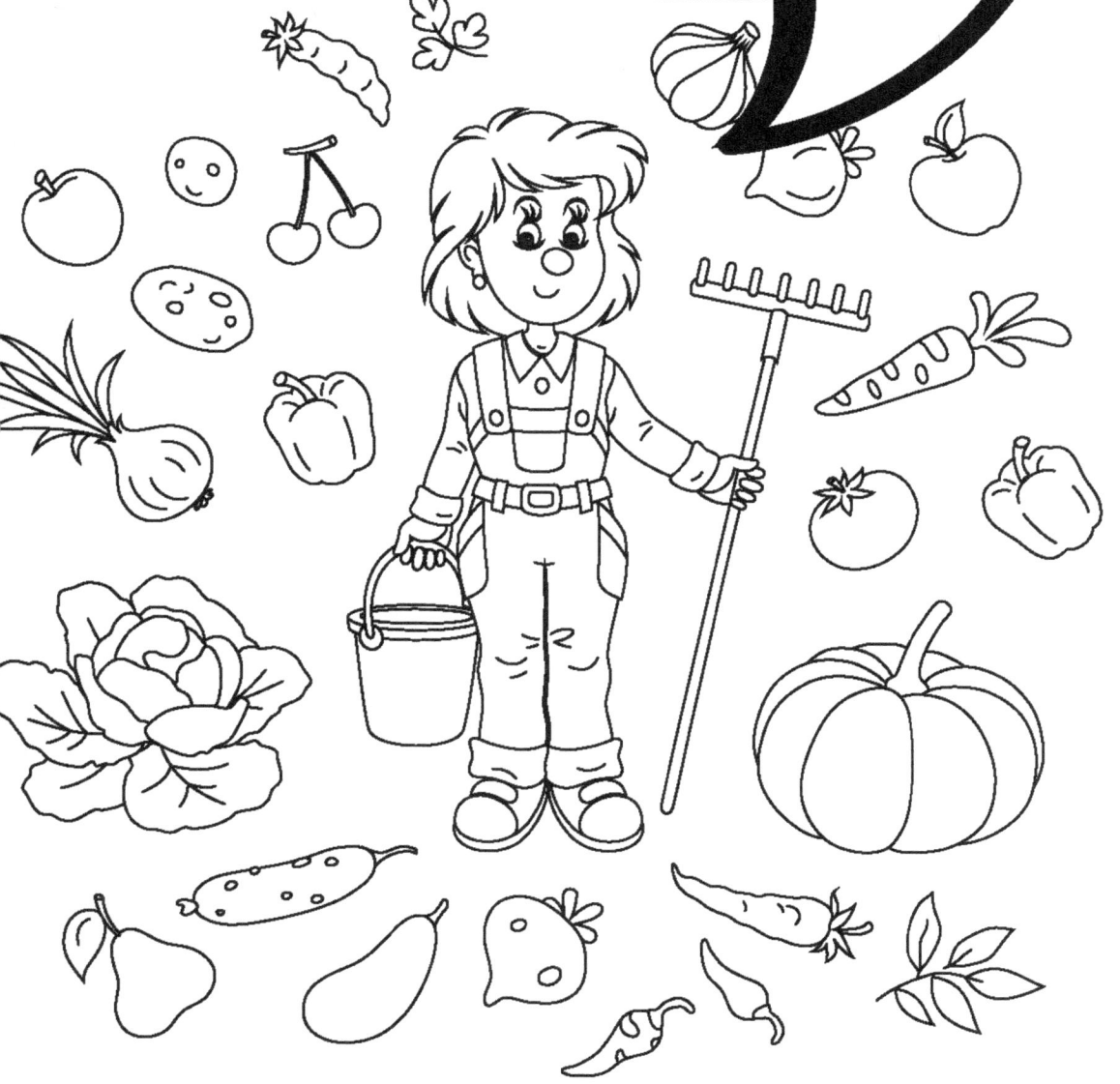

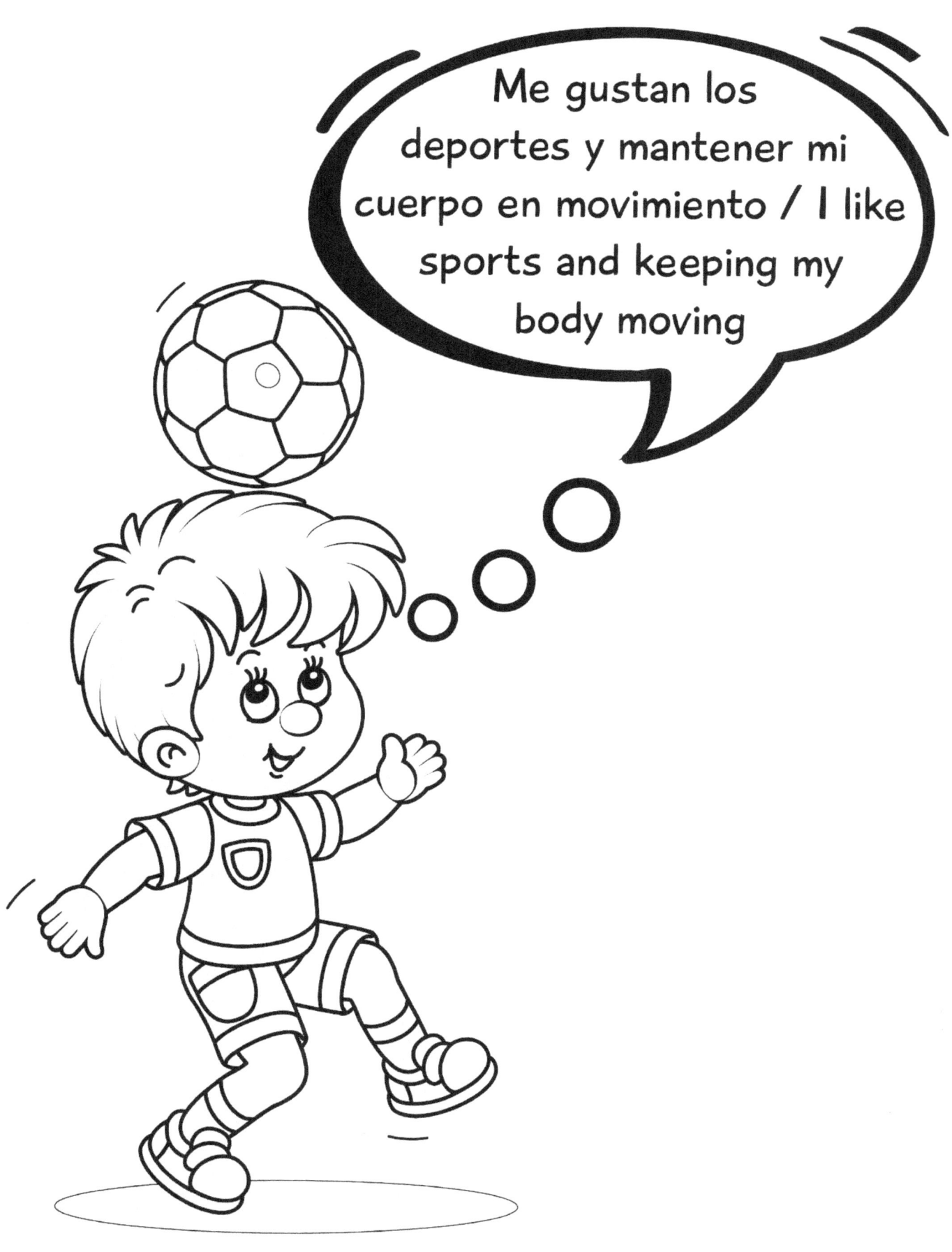

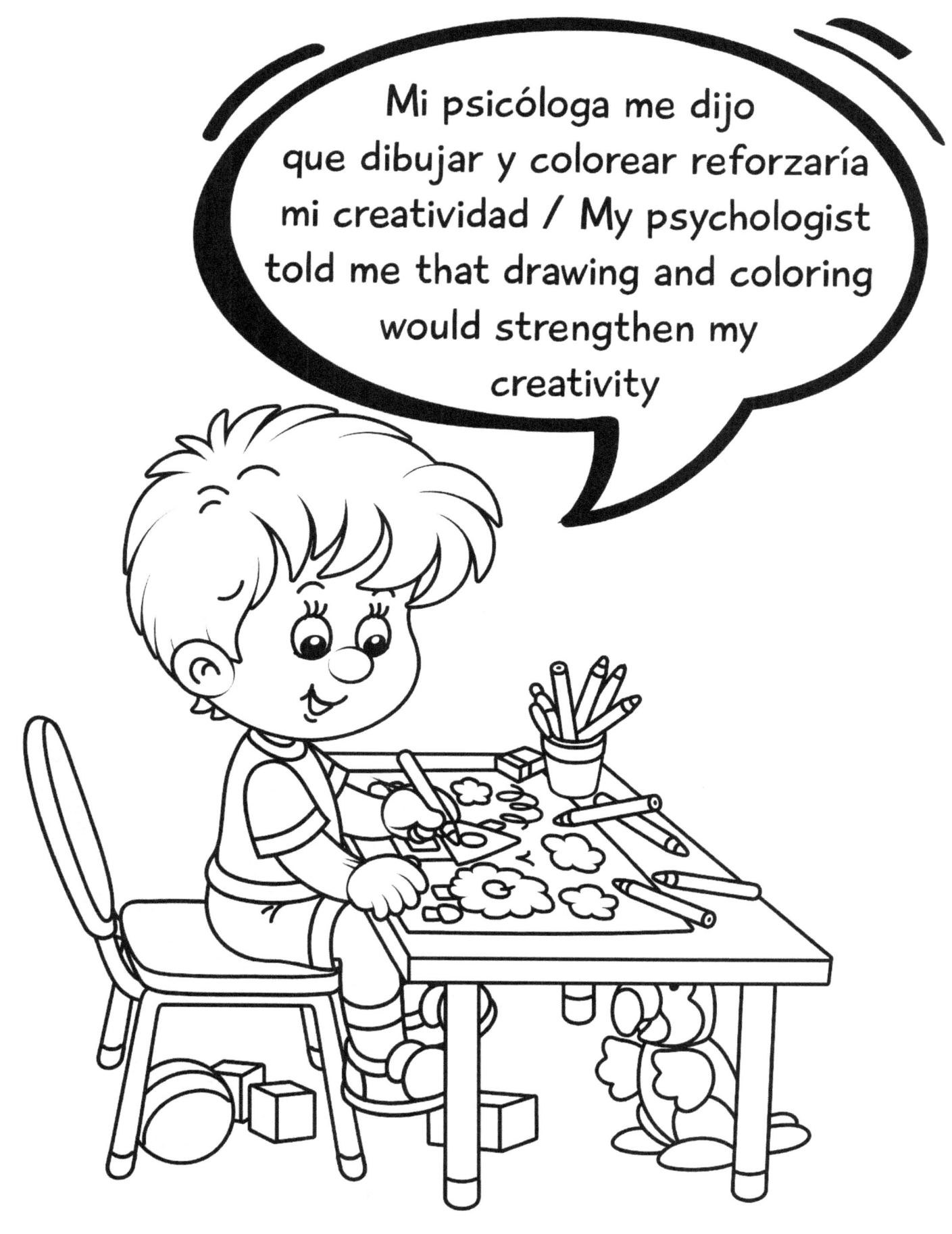

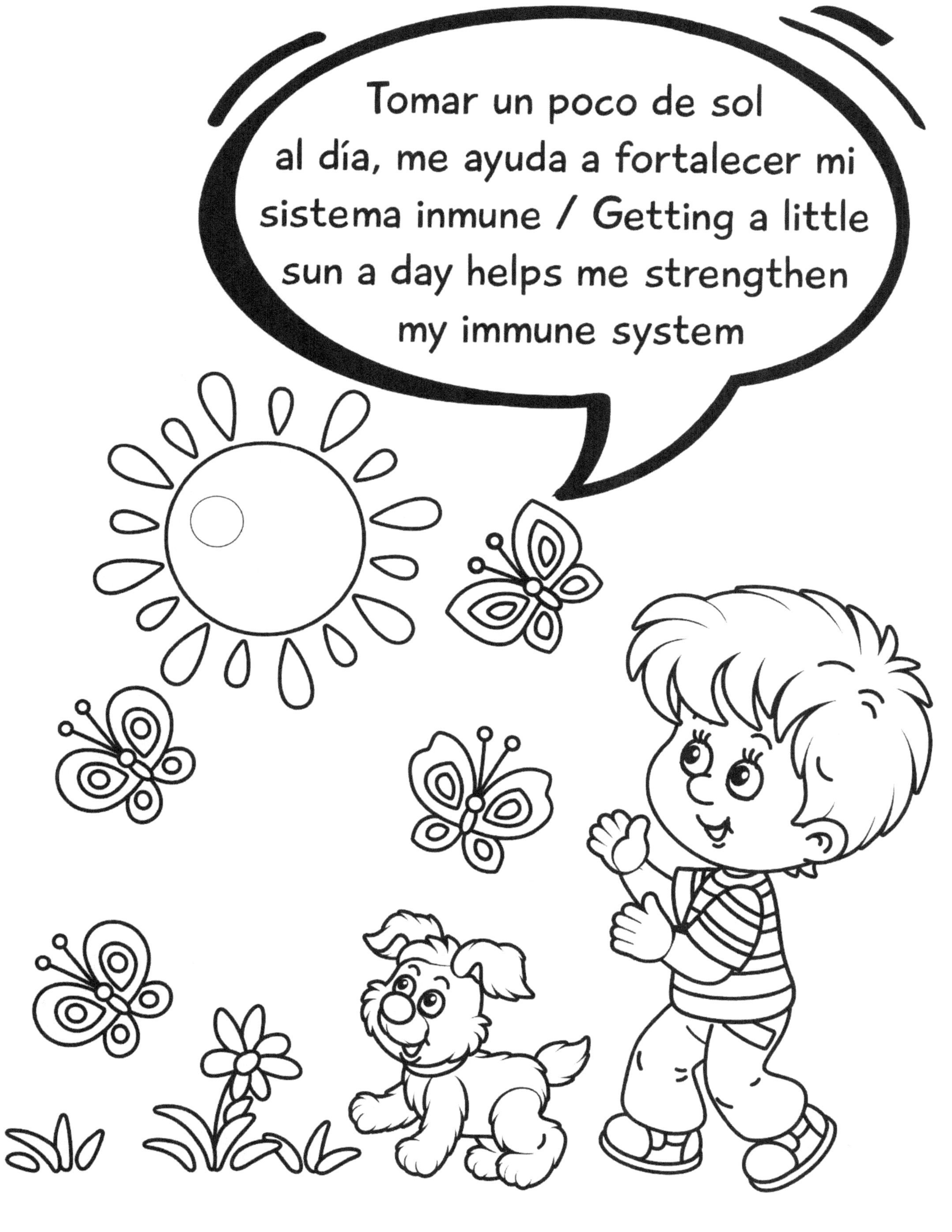

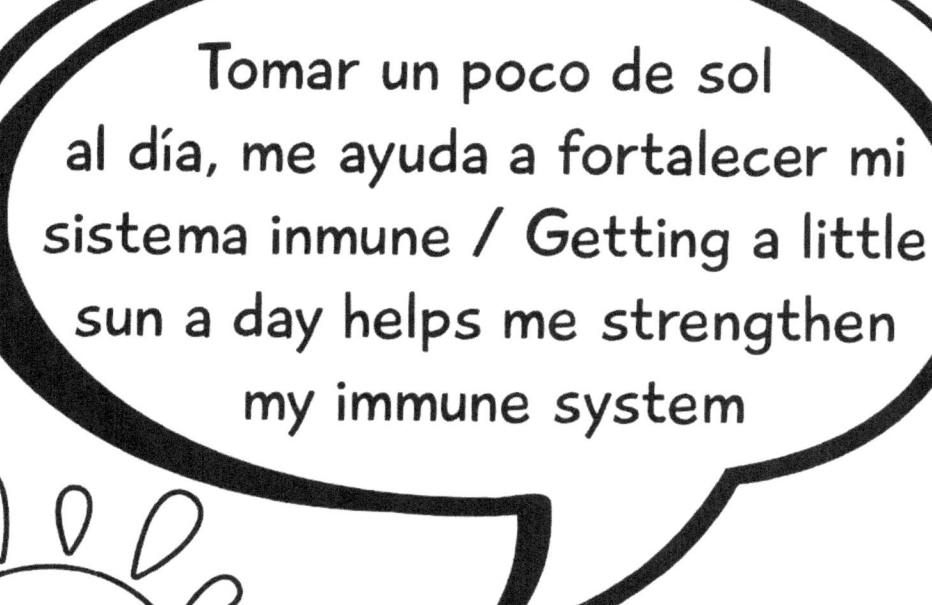

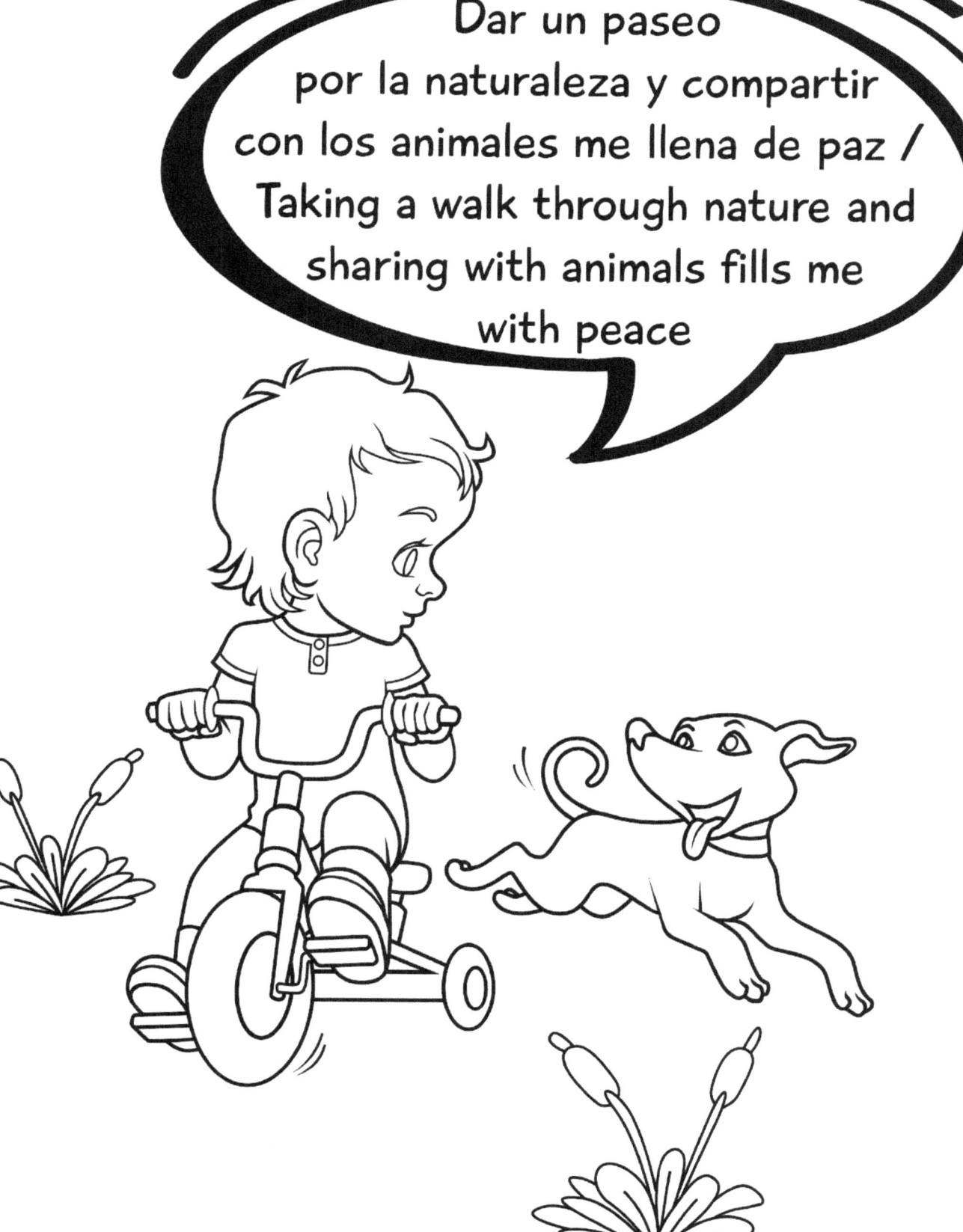

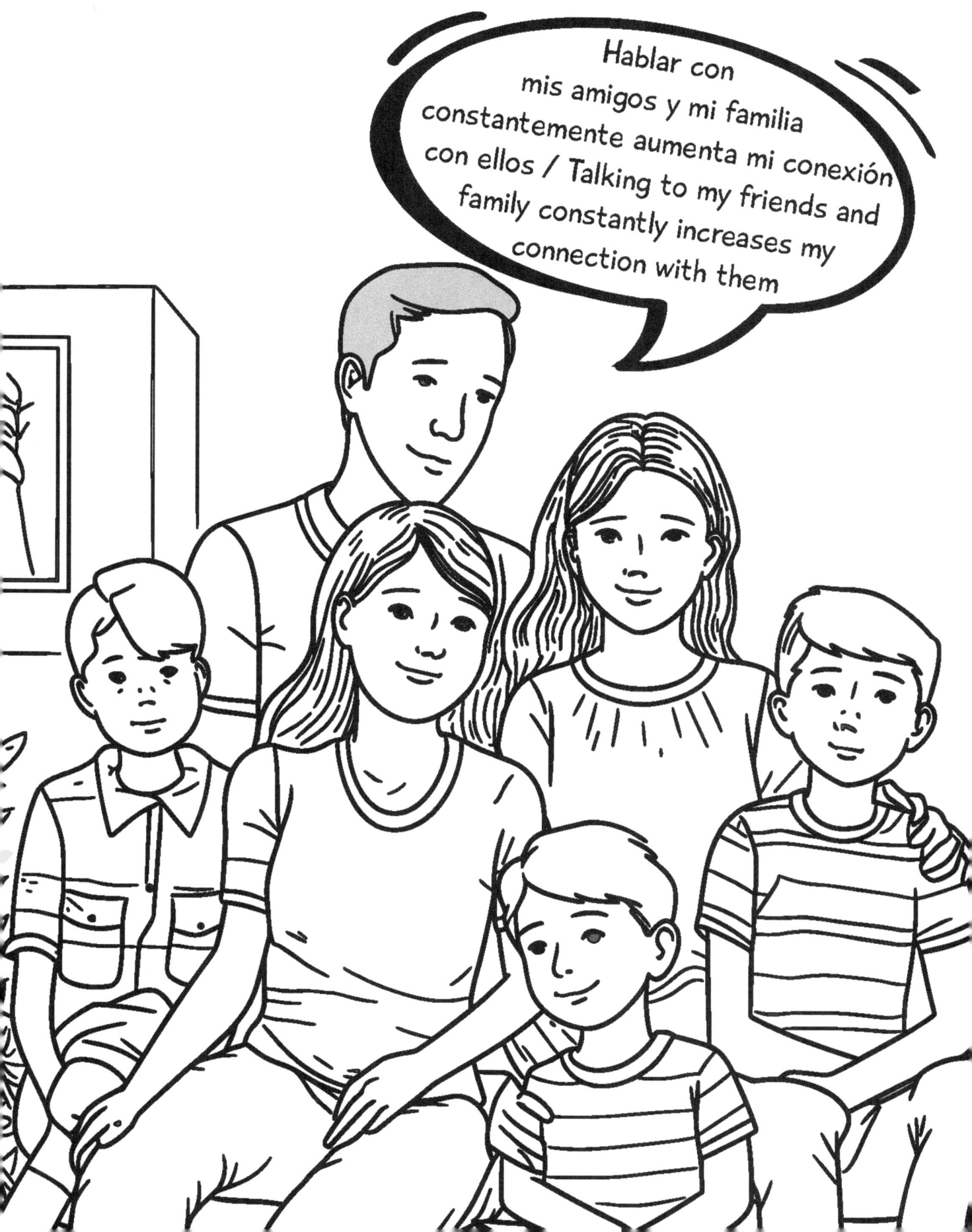

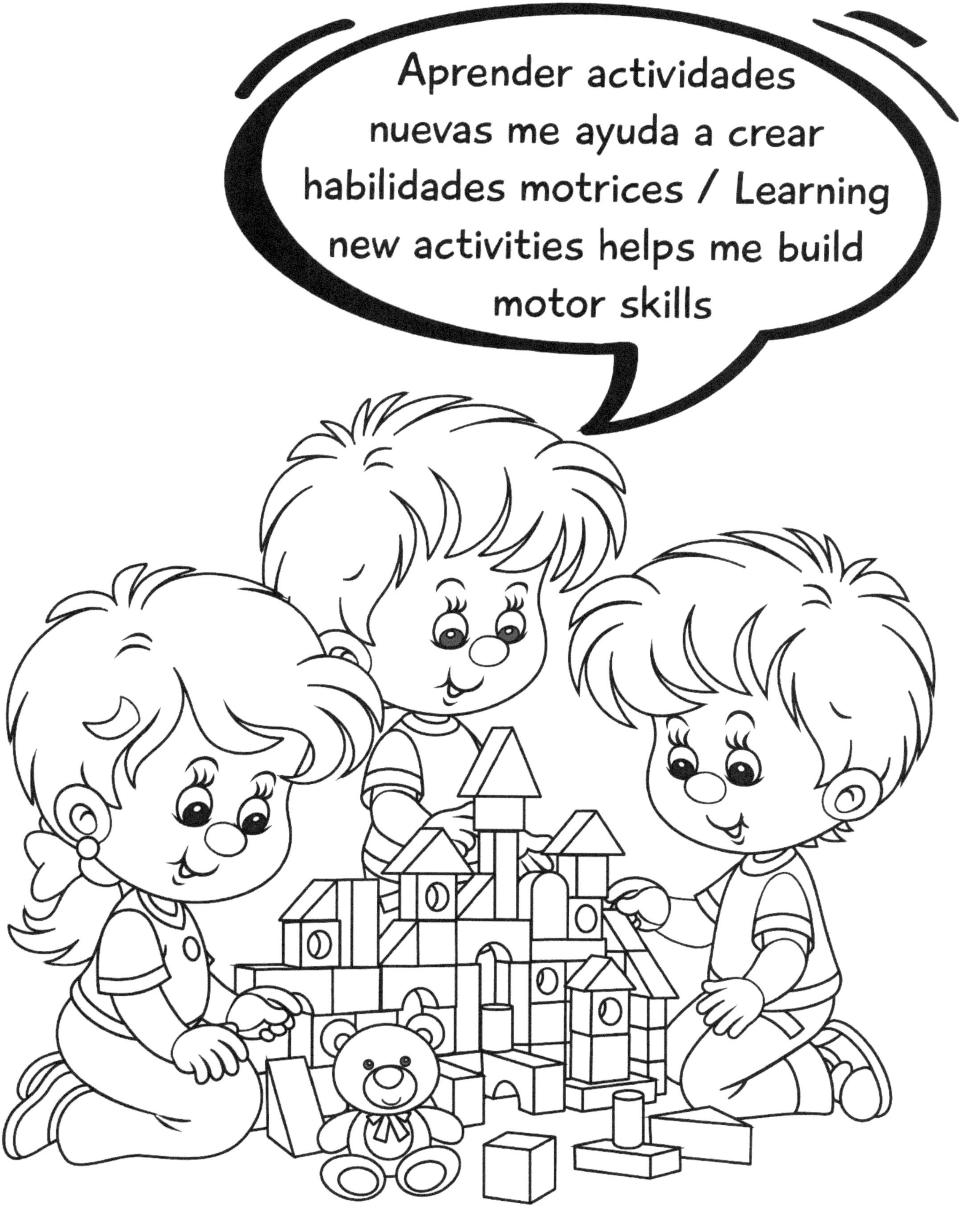

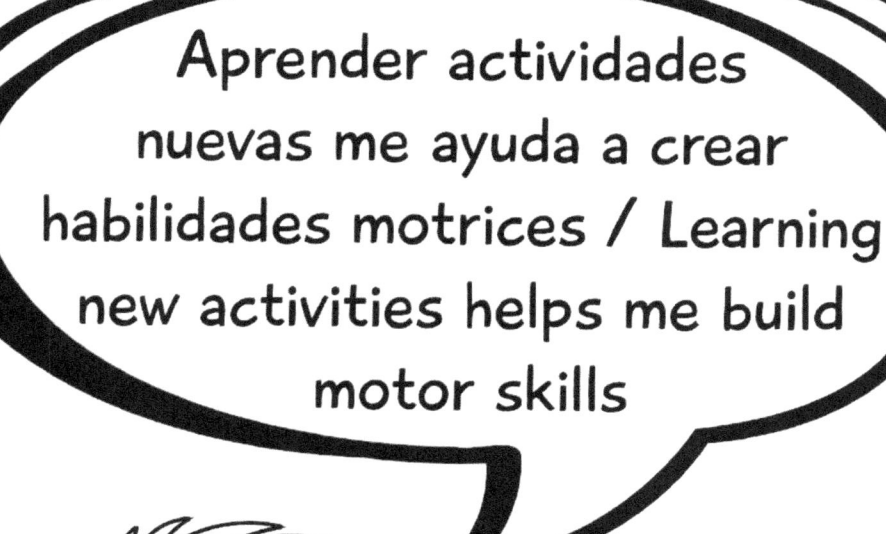

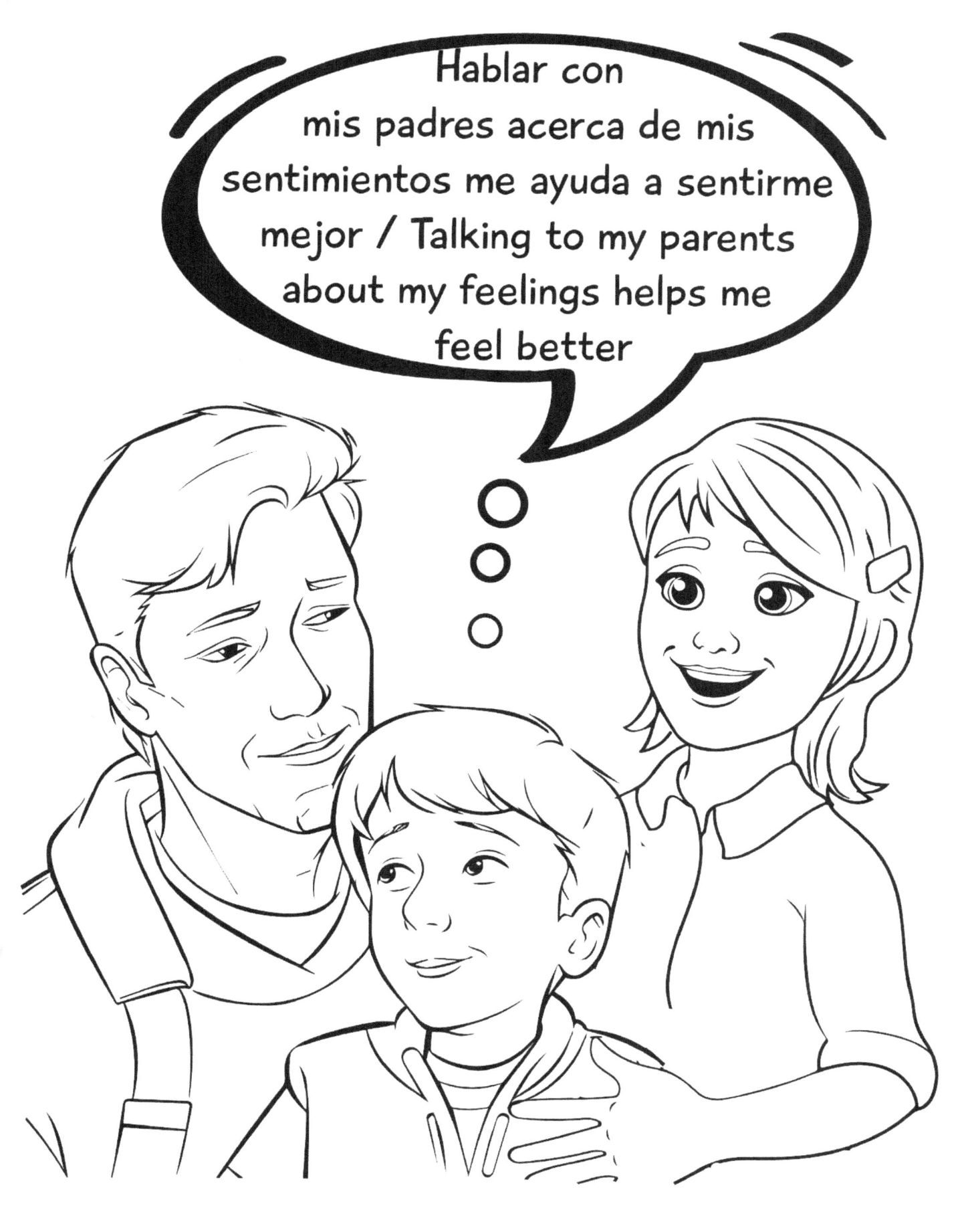